増田健太郎 監修
（九州大学大学院教授・臨床心理士）

小川康弘 著

教師・SCのための

心理教育素材集

生きる知恵を育むトレーニング

遠見書房

監修のことば

増田健太郎

現代日本の教育課題と「こころの教育」

　日本の教育は大きな転換期を迎えている。「生きる力」から「学力重視」の時代である。2003 年に始まった PISA の学力調査の結果を受けて，日本の児童生徒の学力の低下が社会問題視され，ゆとり教育から学力重視への方向転換を図った。学習指導要領も改訂され，学習内容も増え，分厚い教科書になった。毎年行われる全国学力調査の結果が地方自治体ごとに公表され，その順位に一喜一憂する。土曜日授業を復活させる学校も増加し，夏休みの短縮も始まっている。さらに，アクティブ・ラーニングが提唱され，主体的に考え発言する児童生徒・学生を育てるとともに，グローバル化に対応できる人材育成のために英語の早期教育が始まっている。道徳の準教科化によって，座学ではなく，体験的な教育が求められている。学校制度も小中一貫校が制度化される方向になっている。

　筆者の研究のメインテーマは，教師をはじめとする「対人援助職のストレスやバーンアウトの研究と実践力の養成」である。教師のストレス調査を行っているが，教師のストレス度は非常に高い。精神疾患で休職する教員も増加している。日本の教師は基本的にまじめであり，よく働いている。しかし，「知・徳・体」の全人教育を求められていたり，各種の調査が多種多様にあり，雑務が増えている等の要因で，教師の専門性を担保する授業の実践力を身につける時間や児童生徒とふれあう時間が不足している。また，教職員同士のコミュニケーションをとる時間も少ない。そのような状況の中で，教育の本質論を考えるゆとりのない教師が「考え抜かれた教科書」を使って教科書通りに教えていく状況になりつつある。そのような教育では，子どもや地域の現状やニーズは反映されない。臨床心理の個別面接も授業も，児童生徒やクライアントのレディネスとニーズに応じたスキルが必要である。また，「何とか支えたい」という想いがその土台である。

　筆者は，海外研究でフィンランドのオウル大学や総合学校（小中一貫校），ニューヨークのコロンビア大学・チャータースクール・日本人学校，オーストラリアのメルボルン大学や現地の小学校，パースの日本人学校等で講義や授業観察，そして筆者自身による授業を行ってきた。その中で実感したことは，日本は集団の中で規律を重んじた「叱る文化」が教育の背景としてあり，西欧諸国は，個人を伸ばすために集団があり，「ほめる文化」が教育の中核であるということである。もちろん，日本の教育の良さは，たくさんある。例えば，清掃や給食も教育の一環として行われていることや，教師が学力だけではなく，生徒指導も熱心に行うことである。体育会や学習発表会，自然教室や修学旅行，入学式・卒業式や始業式・終業式，家庭訪問も日本の教育の根幹を支えている活動である。

　一方，フィンランドのオウル市の総合学校では児童生徒のコミュニケーション力を伸ばすために，構成的グループ・エンカウンターの技法を取り入れた授業をカリキュラムの中に，週に一時間取り入れていた。授業も児童生徒の体験を重視した双方向性型であった。筆者が視察した 8 カ国の児童生徒は，主体的に考え，ディスカッションが盛んであった。

　どこの国も学力の低下や不登校・いじめの問題は，共通の問題として顕在化していた。日本でも，2011

監修のことば

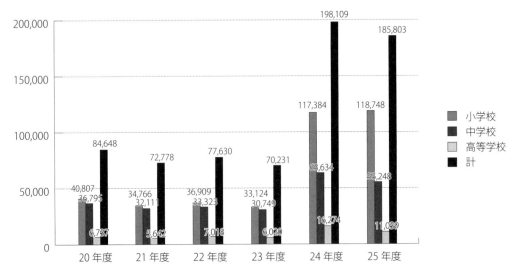

図1　いじめの認知（発生）件数の推移

年10月に起こった大津市のいじめ自殺事件が社会問題化し，2013年6月にいじめ防止対策推進法が成立し，各教育委員会や各学校のいじめ防止委員会が設置され，いじめアンケート等が盛んに実施されるようになった。しかし，また悲しい事件が社会問題化した。2015年7月に岩手県の中学校で起きた中学生のいじめ自殺事件である。いじめ自殺は防ぐことができる「死」である。文科省の生徒指導上問題調査（2015，図1参照）によれば，いじめの認知件数は増加傾向にある。いじめの認知件数が増加すること自体は，悪いことではない。大切なことは，どのようにしていじめを防ぐか，いじめられている子どもたちを守るかである。学校に行かなくても，生きていればその後のケアは可能であり，立ち直って生活している人は多い。どんなに調査をしても，道徳教育を強化しても，子どもたちの「こころを育てる」ことができなければ，絵に描いた餅である。

　筆者はNPO法人九州大学こころとそだちの相談室（こだち）の事業として，臨床心理士を小中学校に派遣して「こころの授業」を行う活動を3年間行ってきた。どの先生も「こころの授業がどんなものかイメージがわかない」と話された。また，スクールカウンセラー（SC）も一部のSC以外は，心理教育を行うことができないのが現状である。教員養成や臨床心理士養成のカリキュラムの中に，「心理教育演習」がないことも大きな要因である。心理教育を学校現場で実践し・研究している臨床心理士も少しずつ増えており，体験型の心理教育を実践している教員や関心を持っている教員もいる。最も大切なことは，全ての教師やSCが子どもたちの生命とこころを守るために自分達の存在があるという自覚と情熱，哲学，そして，方法論である。

　この『心理教育素材集』は，多忙な学校の先生方が自分の学校の児童生徒のレディネスとニーズにあった「心理教育」ができるためのシーズ（種）集である。高校の教員であり，永年に渡って心理教育を研究・実践してきた小川康弘先生が創られた学習指導案をリニューアルし，現代の子どもたちの問題に対応できるように構成したものである。どの学校でもカスタマイズ（個別化）して使えるようにしている。現在は，インターネットや書籍で「心理教育の情報」はあふれている。しかし，筆者でさえ本を読んだだけでは児童・生徒の授業や教員研修で使うことはできない。受講者の状態やニーズが違うからである。新しい心理教育を実践する場合には，必ず大学院生を対象にリハーサルを行っている。SCと教員集団で，このシーズ集をもとに子どもたちにあった「こころの教育」を実践し，一人でも多くの子どもたちの生命を守り，子どもたちの心の成長に役立つことを願ってやまない。

目　次

教師・SC のための心理教育素材集─生きる知恵を育むトレーニング

目　次

監修のことば（増田健太郎）・・・・・・・・・・・・・・・・・・・・・・・・・・・・ 3
はじめに（小川康弘）・・・・・・・・・・・・・・・・・・・・・・・・・・・・・・・・ 8

◇ いじめ問題への対応の方法（増田健太郎）・・・・・・・・・・・ 23

第 1 章　自分を知ろう

1-1　私ってどんな人？・・・・・・・・・・・・・・・・・・・・・・・・・・・・ 37
1-2　今の私を考える・・・・・・・・・・・・・・・・・・・・・・・・・・・・・ 41
1-3　思考・感情・行動の関係を知る・・・・・・・・・・・・・・・・ 44
1-4　体験を整理し理解する・・・・・・・・・・・・・・・・・・・・・・・ 48

第 2 章　他者を知ろう

2-1　イメージって面白い・・・・・・・・・・・・・・・・・・・・・・・・・ 52
2-2　ごちゃまぜビンゴ・・・・・・・・・・・・・・・・・・・・・・・・・・・ 54
2-3　ドジ話をリフレーミング・・・・・・・・・・・・・・・・・・・・・ 56
2-4　友達のキャッチコピーをつくろう・・・・・・・・・・・・・・・・・ 59

第 3 章　コミュニケーションの技術

3-1　あいさつと苦手な人への接し方・・・・・・・・・・・・・・・・ 63
3-2　一方通行・双方向のコミュニケーション・・・・・・・・・・・ 65
3-3　ノンバーバル・コミュニケーション・・・・・・・・・・・・・ 67
3-4　上手な頼み方・・・・・・・・・・・・・・・・・・・・・・・・・・・・・・ 69
3-5　上手な断り方・・・・・・・・・・・・・・・・・・・・・・・・・・・・・・ 72
3-6　話を聞く態度・・・・・・・・・・・・・・・・・・・・・・・・・・・・・・ 75
3-7　相談を受けるスキル・・・・・・・・・・・・・・・・・・・・・・・・・ 78

目　次

第4章　自立するために

4-1　感情（怒り）を理解する ・・・・・・・・・・・・・・・・・・・・・・・・・・・・・・・・・・　84

4-2　ストレス・怒りへの対処法 ・・・・・・・・・・・・・・・・・・・・・・・・・・・・・・・・　89

4-3　動ける心をもとう・抱えて生きる ・・・・・・・・・・・・・・・・・・・・・・・　92

4-4　15年後の私（ライフデザイン） ・・・・・・・・・・・・・・・・・・・・・・・・・・　96

第5章　いじめ問題を解決する

5-1　対立を考える
　　　対立は人生を豊かにする ・・・・・・・・・・・・・・・・・・・・・・・・・・・・・・・101

5-2　課題を解決する ・・・104

5-3　援助を求める力をもとう ・・・・・・・・・・・・・・・・・・・・・・・・・・・・・・・・109

5-4　意思決定　部長会議 ・・・・・・・・・・・・・・・・・・・・・・・・・・・・・・・・・・・・112

5-5　うわさの伝わり方 ・・・・・・・・・・・・・・・・・・・・・・・・・・・・・・・・・・・・・・116

5-6　からかい・冗談・皮肉を考える ・・・・・・・・・・・・・・・・・・・・・・・・118

第6章　メール・SNS のマナー

6-1　メールによるコミュニケーション
　　　（ことば編） ・・125

6-2　メールによるコミュニケーション
　　　（やり取り編） ・・128

6-3　メールのマナー ・・・132

6-4　SNS のマナー ・・135

ウォーミング・アップ集・・・・・・・・・・・・・・・・・・・・・・・・・・・・・・・・・・・・・・140

あとがき（小川康弘） ・・・・・・・・・・・・・・・・・・・・・・・・・・・・・・・・・・・・・・・141

こころの授業の展開を願って（増田健太郎） ・・・・・・・・・・・・・・・142

教師・SC のための

心理教育素材集

生きる知恵を育むトレーニング

はじめに

小川康弘

▌I　子どもの心の変化

　私は30年以上にわたって高校の教員をしてきましたが，以前と比べて随分と変わったなあ，また急速に変わりつつあるなあ，と実感している毎日です。

　学校にもよりますが，以前は高校では，校舎内でボールを投げ合うとか，追いかけっこをするとか，叩きあってふざける（プロレスごっこ）みたいなことを見ることはありませんでしたが，最近は見かけたり，それに起因した友人間のトラブルに対処するようになりました。これまでだったら，小学校や中学校でやってきて高校生の年代では修了している遊び（発達課題）だと思います。

　また，ゲームやスマホなどの普及により，集団のなかで自分の存在を確認したり，そこでコミュニケーションをとり人間関係をつくっていく力がとても弱くなっていることを実感します。ゲームやスマホなどのコミュニケーションは，きちんと相対して相手の存在（体格，雰囲気，表情，話し方など）そのものをすべて感じながらのコミュニケーションではなく，また限られたメンバーのなかで行われるものです。

　私が幼い頃は，学校の昼休みの時間や夏休みなどは，その時その時に集まったメンバー（男子〔女子〕同士であったり，男女混合であったり，複数の学年にまたがるものであったり）で話し合って，鬼ごっこやかくれんぼ，ままごとなどの遊びを延々と続けていたように思います。そこでは，同じ鬼ごっこであっても，そこにいるメンバーによってルールが変わり，小さい子やハンディをもつ子がいると，その子だけは片足跳びでなく両足でいいとか，片手でなく両手を使ってもいいなどとその子だけのルールをつくって一緒に遊んでいました。時には，遊びの途中でいさかいが起きたり仲間外しがあったりもしましたが，また明日になれば一緒に遊ぶためにはどうしたらいいか——仲直りの仕方，謝り方，許すことなど——というような対処法もそこで体験的に試行錯誤して学んでいました。

　今，子ども達はそのような体験の積み重ねが乏しく，そのためその年代の発達課題が充分にクリアできていない，コミュニケーション力が乏しい子どもが急速に増えていると思います。KY（その場の空気が読めない）の子ども，言外のことばを聞き取る力が弱い子ども，たとえ話や比喩を使って話すと逆に話の内容が理解できなくなる子どもが増えていることを実感しています。

　発達障害ではコミュニケーションの障害がある子どもがいますが，その診断がつくかつかないかは別として，その特徴を示す子どもの割合が，どんどん増えている，そしておそらくこれからも増えていくだろうと感じています。

　発達障害は脳の機能障害と言われていますので，その割合が増えているのではない

と思います。昔は，その場の空気が読みにくい，人の気持ちが分かりにくい子でも，膨大な遊びのなかで，こんな時はこうしなきゃいけない，こんな時はこんなことは言ってはいけない，みたいなことを経験的に学び身につけていたのだと思います。こんなことをしたら友達とけんかになった，こう言ったら友達は許してくれた，と試行錯誤を繰り返しながら，それなりにスキルとして獲得していたのではないでしょうか。そのことを，現代流に言えば，効率的ではありませんが行動療法的に学んでいたのだと思います。ですから，コミュニケーションがうまく取れない，気持ちがくみ取れないという人が表面化することが現代より少なかったのではないでしょうか。もちろん，以前は発達障害という概念がなかったということもあるかもしれません。

▌ II　心理教育とカリキュラム

　本書では"心理教育"ということばを，"主に学校で行われるこころや対人関係のあり方についての教育の総称"という意味で使います。ですから，構成的グループ・エンカウンター（SGE），コミュニケーション・スキル・トレーニング（CST），アンガー・マネジメントやストレス・マネジメント，ライフ・スキル教育，キャリア教育，自己理解や他者理解のための活動など，さまざまな分野を包含するものとし，そのどれもが心理教育の一部であるとしています。また，社会のなかで適応していくための規範意識のための教育や薬物乱用防止の教育なども含むものとしています（表1）。

　また，本書の文章や資料は，中学校や高校を意識しての記述になっています。大学や大人（保護者）にも使えるものは多いと思いますが，小学校で使用する場合は構成や表現の仕方などを再検討する必要があります。

　前述したように，子ども達が，いわゆる発達課題を日常の生活で互いに相対する人間関係のなかで時間をかけて体験的にクリアしていくということが，以前に比べてできにくくなっています。そして，それは時の流れとともに，これからますます困難になっていくだろうと推察されます。

　だからといって，今の子ども達に，以前のような遊びを膨大な時間をかけて，そこでコミュニケーション力や課題への対処の仕方を学んで欲しいというのは，現実的でないし無理なことだと思います。

　これからは，子ども達に，場や状況に応じた適切なコミュニケーション，言外の意味をくみ取る力や課題への適切な対処の仕方などを，意図的・計画的に学ぶ機会を設定する必要があると考えます。もちろん，それだけで今の子ども達が抱えている困難さが解決されるものではありませんが，やらなければならないものでもあると考えます。その意味で，学校教育のなかでコミュニケーション力を育み，発達課題への対処を考えるような，いわゆる"心理教育"が求められています。

　もちろん，これまでにも構成的グループ・エンカウンター，スキルトレーニング，マネジメント教育など，さまざまな活動が実践されてきました。ただ，実際の学校での実践では，仲間づくりの活動だけであったり，スキルトレーニングやマネジメント教育も数時間程度の散発的なものであることが多く，年間を通して，あるいは3年間を見通しての長期的な計画の下で総合的に実施されることはあまりなかったように思

はじめに

表1　心理教育の分類と内容

1．SEL（社会性と情動の学習）

（1）ライフスキルと社会的能力
　　　社会的スキル，セルフ・コントロール，ストレス・マネジメント，問題解決，適切
　　　な自己主張などの基礎的で一般的な能力が該当
（2）健康増進と問題防止のスキル
　　　薬物乱用防止教育，性教育，非行防止教育などが該当
（3）人生移行，および危機のための対処スキルと社会的支援
　　　中学校への進学，転居，死別，保護者の離婚等への対処に関する学習
（4）積極的・後見的な奉仕活動
　　　互いに支え合う活動やボランティア活動を意味する

※『社会性と感情の教育』M. J. イライアス他（小泉令三訳，1999）北大路書房より

2．キャリア教育

（1）人間関係形成能力―自他の理解能力，コミュニケーション能力
（2）情報活用能力―情報収集・探索能力，職業理解能力
（3）将来設計能力―役割把握・認識能力，計画実行能力
（4）意思決定能力―選択能力・課題解決能力

※国立教育政策研究所・生徒指導研究センター「職業観・勤労観を育む教育の推進について」（2002）より

3．ライフスキル教育

（1）暴力を使わないで葛藤・対立を解決する方法―平和裏に物事を解決する
（2）ストレス管理スキル―ストレスを低減する技法の使用
（3）リソース・マネジメント―援助を頼んだり，どこへ行けば援助が得られるかを学習
　　　する
（4）意思決定―批判的思考を用い，状況を評価し，適切な対応をする
（5）対人コミュニケーション―人と仲良くやっていく
（6）子どもの発達や指導についての具体的なスキル―子どもに何ができるかを知り，ど
　　　のように対応し，子ども達にとって何が適切な指導で，何が適切でないかを学習する
（7）薬物乱用防止教育の基礎―「イヤ」とどのように言うか，健康な自尊感情をどのよ
　　　うに育てるかに焦点を置く

※『児童虐待の発見と防止』J. A. モンテリオン（加藤和生訳，2003）慶應義塾大学出版会より

4．人権教育

（1）基礎学力の確保と学力の向上
（2）興味関心を高め，個性を発揮して意欲的・主体的に学ぼうとする力の育成
（3）人権意識の高揚については，問題解決に向けての実践力の育成に取り組む
　　　①同和問題・人権問題についての知識を教えるだけでなく，
　　　②自他の人権を大切にするための態度やスキルの獲得―情報の調査・収集および活用
　　　力，コミュニケーション能力，非攻撃的自己主張などの技能
（4）教職員の感性を磨き，指導力を高め，人権教育・同和教育をさらに豊かなものに
　　　自己理解・他者理解，主体性の育成，コミュニケーション技能の育成，自尊感情

※福岡県教育センター「人権・同和教育学習資料集」（2003）

5．SGE（構成的グループ・エンカウンター）
（1）自己理解
（2）他者理解
（3）自己受容
（4）自己主張
（5）信頼体験
（6）感受性の促進

※『エンカウンターで学級が変わる　高等学校編』國分康孝監修，岡田弘 他編（1999）図書文化社より

6．ピア・サポート・トレーニング（カナダ）
（1）コミュニケーション・スキル
（2）注意を向けるスキル
（3）傾聴スキル
（4）助けになる応答の仕方
（5）適切な質問の仕方
（6）問題解決と個人プランニング
（7）対立解消・メディエーション
（8）守秘義務と限界設定

※『ピア・サポート実践マニュアル』T. コール（バーンズ亀山静子，矢部文訳，2002）川島書店より

います。もちろん，それは人的な資源や教材がまだ充分に確保されるには至っていないという現実があります。

　ところで，ライフスキル教育やストレス・マネジメント，キャリア教育など，これまでさまざまな実践が多くの先生方によってなされてきました。また，それらに関する書籍も出ています。さらには，それらを学ぶための研修会やワークショップも開催されています。

　その内容を具体的に見ていくと，重複するテーマも多いように思います。自己肯定感を育てることや，傾聴を中心としたコミュニケーション・スキルなどは，どの領域の心理教育をやろうとしても含まれています。表1は，さまざまな心理教育で具体的に求められている指導内容を私なりに整理してみたものです。自己理解や他者理解を通して自他への肯定的な関心を育てようとすること，それをベースにした話の聞き方や応答の仕方などを中心とするコミュニケーション・スキルなどは，どの領域の心理教育にも含まれています。課題解決も共通するテーマです。多くの心理教育が，社会（人間関係）のなかでよりよく生きていくための態度やスキルを身につけるというねらいをもっていることを考えると，当然のことでもあります。

　これから学校のなかで心理教育を推進するためには，これまでのさまざまなマネジメント教育やスキル・トレーニングなどを今一度整理し直す必要があると思います。目の前の子ども達の心理的な課題や直面している問題に応じられるように，そして効率的に実施できるようにする必要があります。そのために，整理してみたのが表2です。

　これまでの心理教育は，散発的に，単発的に，教育相談に関心のある担当者が計画

はじめに

表2　心理教育の内容一覧表

SEL-8S	ライフスキル教育	ピア・サポート	キャリア教育	人権教育	SGE
ボランティア活動		サポート活動			
薬物乱用防止・性・規範意識 ⇐		サポート活動として			
危機への対処（援助を求める力）リソース・マネジメント		限界設定			
対立解消・メディエーション				実践力の育成	
意 志 決 定 能 力				人権に関する知識	
課 題 解 決 能 力				学力の向上	
ストレス・マネジメント			将来設計能力	主体性の育成	感受性の促進
感情のコントロール（アンガー・マネジメント）			情報収集・活用能力		信頼体験
コミュニケーション能力（含む，アサーション）		傾聴・質問の仕方・頼み方・断り方			自己主張
他 者 理 解　　他者への肯定的・積極的な関心				自他の尊重（肯定感）・仲間づくり	
自 己 理 解　[⇒自尊感情を育てる]　　自己受容					

* SEL-8S：Social and Emotional Learning of 8 Abilities at the School（社会性と情動の学習―学校における8つの能力）
* SGE：Structured Group Encounter（構成的グループ・エンカウンター）

し実施しているというケースが多かったのではないでしょうか。これからは，その学校の教育目標や学校が抱えている課題を踏まえて，年間あるいは3年間などの長期にわたった計画を立て，それに沿った教材や資料を整備することが大切だと思います。そこでは，指導内容を分析・検討し，重複を避け相互の関連性をもたせて有機的に構成することが必要だと思います。

　例えば，自己理解や他者理解を深めながら自尊感情を育てることやコミュニケーション・スキルを獲得することは，その後，どんなマネジメント教育やスキル・トレーニングを行うにしても共通にベースになるものですから，まずこれらを実施します。それを踏まえて，ストレス・マネジメントや課題解決などのテーマを学校の目標や課題に応じて，また確保できる時間数や時期などにも配慮しながら計画を立て実施していくのが重要だと思います。

　ストレス・マネジメントとアンガー・マネジメントは内容的に重複している部分もあるので，ひとつにまとめることも可能です。ストレスへの対処の仕方や怒りの処理法などを課題解決の演習のテーマとして設定することもできます。けれども，その実施のベースには，自分を好きであることや他者を認め受け入れること，それに基づいたコミュニケーションが大切であることを，常に絡ませながら指導していくことが求められます。

　このように，これまでさまざまな実践を積み重ねてきたマネジメント教育やスキル・トレーニング，人間関係づくりなどの内容を整理し検討し直すことで，その学校の心理教育としてひとつに統合すること，体系化することができ，より効率的で有機的な

ものになると思います。

　ただ，そのための大きな，そして困難な課題は，教材や資料だろうと思います。自己理解・他者理解，コミュニケーション，マネジメント教育，課題解決能力，情報活用能力など，さまざまなテーマを指導するための教材や資料などを収集・整理し準備することはとても大変なことです。

　また，集めたとしても，それがその指導者にとって使いやすいものかという課題もあります。さらには，実際に指導するために担当者への研修も考えなければなりません。

　イギリスやアメリカなどでは SEL（Sosial and Emotinal Learning）という教育活動が盛んになっているそうです。SEAL（Social and Emotinal Aspects of Learning）やPATHS（Promoting Alternative Thinking Strategies）Curriculm という表現や活動もあります。SEL は Sosial（社会性）と Emotional（情動）に焦点を当てた教育で，規範意識の涵養，薬物乱用防止などの教育から，情動として自己理解やコミュニケーションに関することまで幅広い学習内容になっています。

　今，多くの国でピア・サポート活動が取り入れられています。ピアとは仲間の意で，ピア・サポート活動とは，子ども達が困っていたり悩んでいたりすると，とりあえず友達に相談することが多いという事実に基づいて始まった活動です。友達に相談するのであれば，友達のなかに，その困ったことや悩んでいることをきちんと受け止め，課題解決のためにともに考えてくれるピア・サポーターを養成し，その子ども達が仲間に対してさまざまなサポート活動をしようとするものです。世界のさまざまな国でピア・サポート活動が実践され，日本でも実践している学校が増え，その成果も報告され評価されるようになってきました。

　ところで，これをもう一歩進めて考えると，ピア・サポーターによるサポート活動が必要とされるということは，既に問題が発生しているということになります。ならば，問題が発生しないように，あるいは発生を減らしたり深刻化しないように，発生する前にすべての子ども達に対して，自分を知ること，自分と周囲の人との人間関係の取り方，社会でマナーやルールを守って孤立しないで相互のかかわりをもって生きていくための考え方や方法を具体的に学ばせようという教育活動が SEL です。まったく問題のない学校や子ども達というのはあり得ませんから，課題に対処するための活動だけでなく，事前の予防や啓発などの教育を積極的に行おう，その時間を確保しようということです。イギリスやアメリカなどでは，日本の学校教育にある学級活動（高校では HR 活動）や運動会などの，いわゆる特別活動の時間がないため，ピア・サポート活動から SEL へという流れになったのだと思います。

　ピア・サポート活動は，本来は，「サポートする子―サポートされる子」といういわゆる「個と個の関係」を基本にしているため，日本ではなじみにくい部分があり，カナダやアメリカ，イギリスなどで実践されているピア・サポート活動をそのままの形で導入するのには困難があると考えています。日本でピア・サポート活動を実践しようとするには，ピア・サポート活動の理念を踏まえて日本の学校文化に応じた具体的な実践方法を検討していく必要があるでしょう。

はじめに

　一方，日本では学級づくり，仲間づくりなどのことばに代表されるように，集団の
なかでうまくやっていくことを求められ，また，そのためのさまざまな活動や学校行
事が特別活動としてあり，その時間が確保されています。また，特別活動として道徳
や学級活動（高校では HR 活動）の時間もあり，そこでは学級全員に対してスキル教
育やマネジメント教育をしようとすればできる時間があります。そのために，欧米の
ようなピア・サポート活動から SEL へという流れでなく，課題に対処するための教育
だけでなく予防的，開発的な教育を大切にしようという SEL の考え方だけでも日本で
は理解を得やすいのではないかと思います。実際，学校のなかでこれまでも全体とし
て体系化されているわけではないけれど，人間関係づくりとか，さまざまなスキル教
育やマネジメント教育は実施されてきているのですから。

　単純に言えば，予防的・開発的な教育を体系化して，その内容を具体化し実践しよ
うということになります。そして，そのための指導法の検討，必要な教材や資料を整
備していこうということです。

　本書では，私が実践するために私自身がさまざまなところから資料を集め，自分で目
の前の子ども達と接するなかで出会ったテーマを教材化したものを掲載しています。
これまで述べてきましたように，心理教育を幅広い意味でとらえていますので，本書
に掲載しているものは，特定の領域にこだわらずに，今，学校で，子ども達に必要だ
と思われる学びのテーマを私なりに選んだものです。

　これらは単独で使うこともできます。また，年間計画を立て，それに応じてプログ
ラムを組んで実施することもできます。その際は，表2の下の段（自己理解・自己受
容やコミュニケーション能力）から上の段（マネジメント教育や課題解決など）の方
への順序でプログラムを組み立てるのが基本的な流れになります。

　本書にある資料は，すべて私個人が，自分で使うために整理しているものですので，
その是非は別として全体としての統一感はあるかと思います。

Ⅲ　カリキュラムのどこで実施するか

　中学校では，道徳や学級活動の時間に実施できます。高校では LHR の時間に実施で
きます。内容によっては，科目「保健」でも実施できます。総合学習の時間に心理教
育のみを実施するのは無理がありますが，その後の活動と組み合わせてその学校なり
の理論化をすることで実施できることもあると思います。

　現行の学習指導要領は，子ども達の現状を踏まえ，「生きる力」を育むという理念の
もと，知識や技能の習得とともに思考力・判断力・表現力などの育成を重視していま
す。学習指導要領を見てみると，次のような内容があります。

　中学校の学級活動では，「望ましい人間関係を形成し，集団の一員として学級や学校
におけるよりよい生活づくりに参画し，諸問題を解決しようとする自主的，実践的な
態度や健全な生活態度を育てる」とし，その内容として「学級を単位として，学級や
学校の生活の充実と向上，生徒が当面する諸課題への対応に資する活動を行うこと」，
具体的には，思春期の不安や悩みとその解決，自己および他者の個性の理解と尊重，

社会の一員としての自覚と責任，望ましい人間関係の確立，心身ともに健康で安全な生活態度や習慣の形成などが求められています。

　道徳では，「学校の教育活動全体を通じて，道徳的な心情，判断力，実践意欲と態度などの道徳性を養うこととする」とし，その内容として，「望ましい生活習慣を身につけ，心身の健康の増進を図り，節度を守り節制に心掛け調和のある生活をする」「自己を見つめ，自己の向上を図るとともに，個性を伸ばして充実した生き方を追求する」「礼儀の意義を理解し，時と場に応じた適切な言動をとる」「温かい人間愛の精神を深め，他の人々に対し思いやりの心をもつ」「それぞれの個性や立場を尊重し，いろいろなものの見方や考え方があることを理解して，寛容の心をもち謙虚に他に学ぶ」「人間には弱さや醜さを克服する強さや気高さがあることを信じて，人間として生きることに喜びを見いだすように努める」「正義を重んじ，誰に対しても公正，公平にし，差別や偏見のない社会の実現に努める」などが求められています。

　中学校，保健体育の保健分野では，目標を「個人生活における健康・安全に関する理解を通して，生涯を通じて自らの健康を適切に管理し，改善していく資質や能力を育てる」とし，その内容として「知的機能，情意機能，社会性などの精神機能は，生活経験などの影響を受けて発達すること。また，思春期においては，自己の認識が深まり，自己形成がなされること」「精神と身体は，相互に影響を与え，かかわっていること。欲求やストレスは，心身に影響を与えることがあること。また，心の健康を保つには，欲求やストレスに適切に対処する必要があること」などが求められています。

　高等学校のホームルーム活動（HR 活動）では，「ホームルームを単位として，ホームルーム生活の充実と向上を図り，生徒が当面する諸課題への対応や健全な生活態度の育成に資する活動を行うこと」として，「青年期の特質の理解，自己の個性の理解，人間としての生き方の探求，集団生活における人間関係の確立」「進路適性の理解，望ましい職業観の形成，将来の生活の設計，適切な進路の選択決定」などが求められています。

　また，科目「保健」では，目標を「個人および社会生活における健康・安全について理解を深めるようにし，生涯を通じて自らの健康を適切に管理し，改善していく資質や能力を育てる」とし，その内容として，心身の相関とストレス，ストレスへの対処などが求められています。

　このように，中学校では学級活動，道徳，そしてテーマによっては保健の授業で心理教育を実施できます。高等学校では，ホームルーム活動を中心に，一部は保健の授業で実施することもできます。

　学校が目指す教育や学校が抱える課題，子ども達の実態に応じて，心理教育の年間計画を作成して実施しようとする際，そのための時間がどれくらい必要か，確保できるかという課題があります。そんな時，例えば学級活動（HR 活動）だけでやろうとするのでなく，道徳や科目「保健」の授業などと分担するのも現実的な方法のひとつだと思います。年間 10 時間であれば，学級活動で 4 時間，道徳で 4 時間，保健で 2 時間とするようなことも考えられます。

はじめに

Ⅳ　授業の進め方

　この本で紹介しているさまざまな学習の進め方の基本的な流れについて説明します。表3の「対立を考える　対立は人生を豊かにする」というテーマを例にとります。
　席を離れての活動やロールプレイなどを伴わないものであれば，グループ活動での学習を取り入れます。
　まず，導入部分では，今回の学習内容が以前のものとの継続性があれば，簡単にその内容を再確認します。次に，今回のテーマのねらいが子ども自身にはっきりと理解できるような質問をします。それは，テーマに即した内容で，子ども達のほとんどが「はい」と答えるような質問です。中学校生活では友達関係は大切，でも楽しいことだけではない，けんかにはならない方がいい……などです。これらの質問に「そうだ」と思う人には挙手を求め，その質問内容と挙手した人数を黒板や模造紙などに，子ども達に見えるように書いていきます。こうすることで，子ども達は，自然と今回の学習内容が対立への対処の仕方であり，学校生活をうまくやっていくためのものであることを，その必要性とともに理解することができます。
　展開では，①まず，自分1人でワークシートに記入しながら課題を確認します。②ワークシートに記入しながら考えたことや感じたことを，グループ内で互いに発表し合います。ここで，発表を聞く人は，発表する人やその内容を受け入れて，茶化したり攻撃したりしないように指導します。これまでに"聞き方の学習"をしていれば，それを確認します。③それぞれのグループで出た内容をクラスで発表して，課題をみんなのものとして共有します。④〜⑤指導者は，子ども達から出た課題と絡ませながら資料を使って考えて欲しいこと，学んで欲しいことを伝えます。⑥課題への対処法や解決法をグループで話し合います。⑦その内容をクラスで発表して，学習の成果をみんなのものとして共有します。
　まとめでは，指導者が，この時間に学んだことを簡潔にまとめて子ども達に伝えます。また，学習するなかで気づいたことや感じたことを出し合ったり，感想文にしたりします。学習内容と，それに

表3　授業展開案

5-1　対立を考える　対立は人生を豊かにする

・"対立（友達とのいさかいやトラブル）"を「友達との対立」ではなく，「友達との意見の対立」としてとらえ，その対処法について考える。
・"対立"することは悪いことではなく，それは当然のことであり，その対処の仕方が大切なことを理解する。

① 次のような質問をして生徒に挙手で応えさせ，質問内容と人数を黒板に書く。
　・学校生活での友達関係は大切だと思う……
　・学校生活は，楽しいことだけではなく，イヤなこと，つらいこともある……
　・学校生活では，友達とケンカしたり口論したりすることもある……
　・中学校では，好きな友達ばかりではなく，イヤな友達もいる……
② 多くの人が体験している〈対立〉について考えてみよう。

① 学校生活のなかで，どんな対立やいさかいが生じるか，1人で考えてワークシートの1に記入する。
② 考えた対立の例をグループで出し合う。
③ グループで出された内容を，クラス全体で出し合う。そこで起きたことや気持ち，その結果などを書き出して整理する。
④ 資料を使って「対立とは何か」について学ぶ。ワークシートの3に記入する。
　・〈友だち〉と対立している ⇒〈意見，考え方〉が対立している
　・"対立"が起きるのは自然なこと，どう対処するかが大切
　・"対立"は人の考え方を知り，対応の仕方を学ぶチャンス。
　　人との対立だとの考えに捕らわれてしまうと……「いじめ」につながることも？
⑤ 資料を使って「対立」を解消するための方法を学ぶ。
⑥ 対立の例をひとつ取り上げ，その解決策をグループで話し合う。
⑦ グループで話し合った内容をクラスで発表する。（取り上げた例と，その解決策）

① 全体で，感じたことや気づいたことを話し合う。
②「対立」を肯定的にとらえ，自己の成長の糧とすることを確認する。
③ シェアリング（感想文を書く，振り返り用紙への記入）。

　この学習の前に「怒り」についての学びをしていると，より効果的です。
　校内（学級）の具体的な対立（トラブル，いさかい）の例を取り上げると，当事者の子ども達が責められているように感じたり，自己否定の感情に襲われたりすることもあります。そのような可能性がある時は，指導者の方から一般的な対立の例を示して，その解決策を考えるように配慮することも大切です。

参加した態度についての簡単な質問と感想を記入する「振り返り用紙」を準備しておくと，その時間の評価や次の学習へのヒントを得ることができやすくなります。

このように，導入で質問による学習のねらいの確認，実際の学習活動での，個人でワークシートを使って作業～グループ内での発表～資料を使って指導者によるコメント～グループ内で話し合い～それを全体に発表する～振り返り用紙の記入，という個人からグループそして全体へ，という流れを基本として授業を構成することを考えると，授業が進めやすくなります。

Ⅴ　実施する際の留意点

1．指導に従わない，指導にのってこない子どもがいる場合

クラスのすべての子どもが授業に参加するべきであり，そのような学習を進めるのが指導者だ，ということが理想でしょうが，現実はそう簡単にはいきません。

クラスのなかに指導に従わない，指導にのってこない子どもが数人いることは特別なことではなく，むしろ普通の状態だと思います。そんななかで，それなりになだめたりすかしたり，注意したり，あるいは怒ったりしながら毎日授業をしているのが，学校の教員の現実だと思います。そして，それでも授業をしないといけないのが。

また，心理教育をしようとすると，一部の子どもは，気持ちが落ち着かなくなってしまうこともあります。そんな子どもは，そうなるだけの心の課題があるからむしろ心理教育を受けることが真に必要なのでしょうが，それは一斉授業としては無理があるということだと思います。その意味で，指導にのってこない子どももいます。

指導にのってこない，指示に従わない子どもがいる時は，席を離れて動き回るような活動的なものや，全員がロールプレイをするような演習を伴うものは控えた方がいいように思います。そんな活動のなかで指示に従わない子どもがいると，その集団全体の雰囲気に影響を及ぼしますし，そこで指導者が適切に対処し学習活動を続けていくことはとても難しいことだと思います。そんな時は，席に着いたままでの個別学習や，1グループが6人程度のグループ学習の方が授業を進めやすく成立させやすいと考えます。指示に従わなくても席から離れなければ，またグループで他の子どもの邪魔をしなければ，クラス全体としての活動は何とか維持できます。グループ内で交流するような活動でも，私のこれまでの経験では，グループのメンバーが適当にやっていない子どもの部分をフォローしたり活動を進めたりして，グループとしての活動は他のグループと同じようにやっていくことがほとんどでした。また，最初はのってこなくても，途中から活動に参加するようになる子どももいます。決して褒められるものではありませんが，その学習時間の全体の枠を守り構成することは，子ども達のこころと体の安全を確保するためにも，現実的な対処法のひとつだと考えます。

2．演習に対する基本的な考え方

基本的にマイナスの演習はしない方がいいと考えています。例えば，話の聞き方の演習で"関心のない聞き方"や"高飛車な聞き方"を実施する時は慎重な配慮が必要です。大人であればある程度自制がはたらきますが，教室で実施する時は子どもによっ

ては面白がって逆に強烈な態度で演じてしまうことがあります。その結果，ペアを組んだ子どもがダメージを受けることもあります。

　また，教員のなかにも「…するな」という方が「…しよう」とする指導よりやりやすい，言いやすい，効果的だとする方もいます。しかし，子ども達のこころを育むための心理教育ですから，「…しない」ではなく「…する」「…しよう」という形の演習や表現をしたいものです。ひとつのテーマのなかで，どうしても不快なイヤな感じになる演習を入れざるを得ないこともあるかと思いますが，その時は慎重な配慮が必要です。ロールプレイであれば，「これから○○君は○○君でなく太郎君になります」，演技が終わったら「これから太郎君は太郎君でなく○○君に戻ります」と，ロールを取る，ロールを降りるという区切りを必ずつけて子どもの心理的なダメージが極力生じないような工夫が必要です。

　そして，最後は必ずプラスの強化，肯定的なメッセージで終わることが大切です。

VI　心理教育の授業を誰がやるか

　ところで，心理教育の必要性は理解できるが，学校のなかで誰がやるのかという課題があります。

　私は，とりあえずは SC（スクールカウンセラー）の方達に積極的に取り組んで欲しいと考えています。SC を養成し指導する立場にある先生方からは，「それは無理だ」「それは無茶な要求というものだ」「SC にそんな力はありませんよ」ということばをよく聞きます。確かに，SC は個別面接が基本であって集団への指導とか教室で授業をするトレーニングは受けていないし，得意ではないという方は多いと思います。しかし，学校は心理教育ができる人材を切実に求めているのも確かなことだと思います。SC の方は，派遣された学校で職員研修や PTA 研修などの保護者を対象とした研修の講師を依頼されることが多いと思います。SC の活用として，研修会の講師というのは定着してきているようです。しかし，まだ，思いつかないのか，言い出すのを躊躇しているのか，「SC が教室に入って，こころの授業をしてくれたらなあ」という思いは多くの学校に絶対あるはずなのに，実際に SC が教室に入って授業をすることは少ないようです。

　一方で，SC が導入されたことにより，学校や私達教員のなかで教育相談が見えにくくなっているような気がしています。私が若い頃，教育相談を学んでいた仲間の基本的な思いは，不登校や課題行動などを示す子どもに出会ったら自分自身が子どもや保護者と直接かかわり何とか改善に導きたいということでした。そのために，さまざまなカウンセリングの技法や心理療法を未熟だったろうけれども一所懸命学んでいました。ですから，対象が学校で，教育のなかでというだけで，学んでいたのはカウンセリングでありそれを教育相談といっていたのが実際だと思います。細かな部分では異論がある方もおられると思いますが，大枠はそんなものだったのではないでしょうか。ところが SC が配置されたことにより，不登校や課題行動を示す子どもがあれば，それは SC にオファーすることが教育相談担当の職員のする業務であり，それが教育相談だとするような雰囲気が今，学校現場にあるように私は感じています。加えて，不

登校や課題行動にチームとしてかかわるという考え方が出てきて，教育相談委員会や特別支援教育委員会の運営をコーディネートすることが教育相談だととらえている教員もおられるのではないでしょうか。むろん，私も個人で抱え込むのではなく，それぞれのリソースをもった人達が連携し合って対処するということに異論があるわけではありません。一方，教員が行う教育相談は，仲間作りのための活動やスキル教育などの啓発的，開発的な活動だとする流れもあります。学校では，不登校や課題行動などに対する個別の対応は SC が，教室での仲間作りやスキル教育，マネジメント教育などの心理教育は教員が行うという分業です。SC が配置された今，その流れはもっともなことかと思います。

　ただ，私としては気にかかっていることがあります。それは，個別のかかわりについての研修や学びがほとんどないまま心理教育をしようとすることに対する危惧です。心理教育を教室で実施する時，指導者が個別のケースについてもある程度対応できる，学んでいるかそうでないかは，授業の流れのなかで対応の細やかさや説明の仕方，たとえ話の内容などに関係すると思います。ゲームや共同作業などを活用しての仲間作りとかであればそう問題はないかと思いますが，怒りの処理や人との対立などのテーマの学習では，個別の教育相談（カウンセリング）を学んでいるか，いないかでは授業の実際に大きな違いが出てくることもあると思います。

　私は，しばらくの間は SC が教室で心理教育を主導し，そこに教員が TT（チームティーチング）として参加し，互いにフォローしあうという形がいいのではないかと考えています。そうすることで，SC は授業として教室での心理教育を実施することに慣れてくるでしょうし，教員は心理教育を実施する際に子どもの安全性に配慮したことばの使い方や接し方，資料を説明する時に話を膨らませるエピソードやその出し方などについて学んでいくことができると思います。

　本書に掲載している課題解決や怒りの処理などの少し重たいテーマになると，資料があっても「よく分からない」「難しい」と感じる教員が多いように思います。しかし，SC であれば資料がきちんとまとまっていて，その進め方の枠がしっかりしていれば，それを基に心理教育を行うのはなんとかできるのではないでしょうか。

　SC の配置により，教員の個別事例への直接的なかかわりが以前より減少しているなかで，"心理教育のできる教員" を育てることが "これからの教員の教育相談" につながるのではないかと思います。

　「怒りへの対処」や「苦手な人との接し方」などの授業をするということは，その時に語る子ども達へのメッセージが，そのまま自分自身に問いかけられることになります。教員自身の子どもや保護者とのかかわり方，職員室での教員仲間との接し方はどうなのかを問い直す，自分自身を見つめ直す機会になります。時には，子どもから「じゃあ，先生はどうしてるの？」「先生の嫌いな人って誰？　そんな時，どうしてるの？」と問いかけられることもあります。子ども達からのそんな問いにどう応えるかを考えることが，教員自身の教育相談の力量を高めることにつながっていくと思います。

はじめに

Ⅶ　授業以外での資料の使い方

1．相談室での使用

　学校の相談室での面接のなかで，面接の内容や状況によっては，これらの資料を子どもや保護者に示しながら話を進めることもできます。

　面接のテーマが，友達との人間関係に関することや感情のコントロール，思春期の課題などに関するような時は，面接の流れのなかで，資料を子どもや保護者に示しながらともに考えることもできます。

　また，認知行動療法的なかかわりをしようとする時は，その流れのなかでの心理教育の資料として使うこともできます。

　そのためには，本書に掲載している資料だけでなく，さらに多くの多様な資料を準備しておくことも大切だと思います。例えば，自己理解，他者理解のきっかけとしてエゴグラムやロールレタリングの資料を，災害や事故などの際に生じる子どもや保護者，そして職員の心理的危機をサポートする資料，喫煙や万引きなどの行為についての資料なども準備して，臨機応変に即座に出せるように準備しておけるようにするとより効果的だと思います。

　正規の面接でなくとも，昼休みや放課後に何となく相談室に遊びに来た子どもに，その時の会話の流れによって適宜，臨機応変に関係する資料を出しておしゃべりすることもできます。相談室に遊びに来るには，それなりの隠れた理由というか何か意味がある可能性もありますから，面接という形をとらないで何となくのおしゃべりのなかで課題をクリアできればそれもすばらしいことだと思います。

2．課題が生じた時の指導資料として

　授業としてでなく，朝や帰りの会（HR）などで，場合によっては授業の合間に，その時のクラスのテーマに応じて資料のみを使って短時間で指導することもできます。からかいやメールなどによる友人間のトラブルや喫煙などの問題が危惧されたり，それが生じた時に利用することもできます。クラスだけでなく，課題が生じたグループに対しての指導でも使えます。

3．ピア・サポーターへの研修として

　困っている仲間をサポートするピア・サポート活動において，ピア・サポーターは，コミュニケーション・スキルを基に，具体的なサポート活動のために必要なことの研修が求められます。そのためのトレーニングとしても使えます。

Ⅷ　本書での心理教育のねらいと限界

　本書の心理教育でねらっているのは，この学習で直ちに自己理解が深まるとか，コミュニケーション・スキルが獲得できるというものではありません。この学習を通して「こんな見方や考え方もあるんだ」「こんなやり方や対処法もあるんだ」ということ

を分かって欲しいということです。自分を見つめ理解することや，仲間とうまくやっていくための対処法を身につけることや定着させることは，その後の学校生活や日常生活のなかで行われるものだと考えています。

　本書による心理教育が何らかの解決を与えるものだというより，むしろ，そのきっかけになるという程度だと思います。その意味では，ひとつの心理教育をやったから，それで直ちに何かの解決につながるというのは幻想であり，多大な期待を抱くのは現実的ではありません。そう簡単に人は変われないものだと思います。

　しかし，生活のなかで生じるさまざまな課題に対して，子どもが「あの時学んだことを使ってみよう」「あの時学んだように考える視点を変えてみよう」とか，「あの言い方で話しかけてみよう」としてくれたら，そこから自分のなかで新しい何かが生じてくるのを感じるかもしれません。

　また，課題行動を示す子どもに対して，「ねえ，この前の授業でこんな時どうしたらいいか考える学習をしたでしょう。あれをやってみようか」と教員が言えるようになれば，教員の子どもに対する接し方や，それに応じる子どもの姿に変化が生まれるかもしれません。また，そんな学校風土になったらいいなと思います。

　本書による心理教育で求めているのは，さまざまな考え方や対処法があることを学び，そこから自分に合ったものを選んだり自分に合うようにアレンジしたりして欲しいということです。その効果はむしろ，その後の学校生活や日常生活のなかで生まれるものだと考えています。

◤ IX　いじめ問題への対応と心理教育 ◢

　この後に掲載されている「いじめ問題への対応の方法」（九州大学大学院人間環境学研究院　増田健太郎教授）の「Ⅰ　はじめに」では，学校教員やSCの役割のひとつとして，道徳などで体験学習を取り入れた心理教育を行うことが期待されています。これまで述べてきたように，本書は道徳や総合学習，学級会（LHR）活動，科目保健などの時間を有機的に活用して心理教育を行うことを提案しています。また，その実施者として，まずはSCが行い，それに教員がTTとして入ることを積み重ねることによって，最終的にはSCと教員がともに心理教育ができるようになるという流れを考えています。また，そのための参考となるよう心理教育の資料と，その進め方の枠組みを提案しています。

　また，「Ⅱ　現代のいじめ問題の特徴」では，パソコンやスマホの普及によって生じたいじめの問題が指摘されています。本書では，メールやSNS（ソーシャル・ネットワーキング・サービス）を利用するなかで生じやすいトラブルやいじめ，守るべきマナーなどを学ぶために，独立して1章を設けました。

　さらに，心理教育を実践する際には構成的グループ・エンカウンター（SGE）の技法やロール・プレイ（RP）を取り入れることで，体験的・具体的な学習が有効であること述べられています。しかし，その際，子どもの心を傷つけるリスクについての配慮が指摘され，SCや心理教育の経験がある教員が行うことも提案されています。本書ではワークシートやグループでの話し合いを多用することにより，学習のテーマを具

はじめに

体的に考えることができるように工夫しています。また，子どもの心理的ダメージを避けるため，いじめや人間関係のトラブルなどのマイナスのロールプレイは極力しないで，代わりにワークシートを使って学習するようにしています。そうすることでロールプレイほどの強いインパクトはなくとも，それなりの感覚を感じることができるようにすると共に，子どもへの安全性を確保しようとしています。また，攻撃的な記述や否定的な記述をしたワークシートは授業の終了時に回収して破棄することも提案しています。

エゴグラムを用いて心理教育の効果と児童の性格特性の相関を調べたところ，いじめの防止と性格特性にはNP（思いやる私，やさしさ・保護的）やA（考える私，客観的・合理的）が強い相関が見られたとあり，そこに焦点化した取り組みが求められています。本書では，「1-3　思考・感情・行動の関係を知る」「1-4　体験を整理し理解する」で認知行動療法を，「2-3　ドジ話をリフレーミング」「5-6　からかい・冗談・皮肉を考える」でリフレーミングをテーマとしています。「怒り」や「対立」などのテーマも含めて，これらは自我状態のAに関する学習であり，その自我状態を高めることを目指しています。第3章の「コミュニケーションの技術」の内容は，表現を替えれば "NP優位のコミュニケーションを身につけよう" ということです。

X　ワークシートと資料のダウンロード方法

本書で使用しているワークシートおよび資料は，授業で使うことを想定して，ワード文書のデータを小社のホームページからダウンロードできるようにしています。ワークシートのダウンロード方法は，

① 空メールを以下のアドレスに送ってください。

　　ogawa1525ashduha@tomishobo.com

② ワード文書のデータファイルをダウンロードできるURLを記した返信メールを送ります。

③ ②のURLからワード文書のデータファイル（ZIPファイル）をダウンロードしてください。

④ ワード文書はB5版のサイズです。A4サイズで使用したい場合は，拡大印刷をしてご利用ください。

いじめ問題への対応の方法

増田健太郎

Ⅰ　はじめに　―いじめ防止対策推進法の成立に関連して―

　いじめ問題は古くて新しい問題である。スクールカウンセラー（以下，SC と表記）が導入されたのも，1994 年の「愛知県西尾市中学生いじめ自殺事件」において同級生に恐喝や暴行を受けて中学 2 年の男子生徒が自死した事件が契機である。いじめ問題の解決は，学校教育関係者や SC の大きな課題である。

　平成 25 年 6 月 21 日に「いじめ防止対策推進法」が成立した。条文では，いじめを「一定の人的関係にある他の子による心理的・物理的な影響を与える行為・対象の子が心身の苦痛を感じるもの」と定義した。その中に，インターネットでの行為も含まれるとしている。主な骨子の中で SC に関係するものは，「①学校とその設置者は，道徳教育や体験学習の充実，②早期発見の措置，③相談体制の整備を図る，④行政はいじめ防止のための教員研修や人材確保の措置をとる，⑤複数の教職員やカウンセラーらによるいじめ防止対策の組織を常設，⑥いじめがあった場合，学校は速やかな事実確認・被害者の支援・加害者の指導・助言，⑦重大な犯罪行為は警察への通報，⑧いじめた子は懲戒や出席停止措置を適切にする」の 8 点であろう。また，付帯決議として，「いじめの対処について第 3 者の参加などで公平性・中立性を確保すること」と「調査結果などを保護者と適切に情報共有すること」が求められている。

　これまで以上に，学校教員や SC に対するいじめ防止・早期発見の役割は大きなものとなる。ひとつ目は，道徳などで，体験学習を取り入れた心理教育への期待である。SC は構成的グループ・エンカウンターやストレスマネジメントなど，体験的なスキルを持っている。2 つ目は，早期発見やいじめ防止のための教職員研修会やいじめ発見のためのアンケートの実施である。3 つ目に，いじめ防止を中心とした相談態勢の中心的役割である。また，いじめ発覚後の事実確認と被害者・加害者の支援である。最後に，警察に通報するかどうかの判断の相談も SC の役割として，担わされることが予想される。

Ⅱ　現代のいじめ問題の特徴

　最近のいじめの特徴は，いじめの対象には誰にでもなり得るという「ロシアンルーレット型いじめ」であり，これは誰がいじめに遭うか分からないので，いつも誰もがいじめられはしないかと不安でドキドキしていなければならず，「いじめに加担しなければ，次は自分かもしれない」といじめが連鎖的に起きてしまうことになる。いじめの構造が単純な「いじめる子」「いじめられる子」「観察者」「傍観者」という四層構造

ではなくなったのが，現代型いじめの特徴である。いじめられている子どもが，命令されて他の子どもをいじめることもある。また，携帯とパソコンの普及によって，誹謗中傷をネットで流す「なりすましいじめ」もある。ある日突然，自分の携帯に知らない人から連続して，誹謗中傷の文面が送られてくる。それが誰なのかが分からない。対象が分かっている場合よりも，もっと不安な状況になり，人間不信に陥る。ロシアンルーレットのたとえで言うと，誰がピストルを撃っているのか分からない状況なのである。

　ロシアンルーレット型いじめは，いじめの加害者と被害者がいつ入れ替わるのか，分からない状況である。昨日までは友人だったのが，携帯のやりとりひとつで，いじめる－いじめられる関係になることも多い。それらが見えなくなっている要因のひとつには，集団で子ども達を見ていく教師の発想が弱くなっていることもある。フォーマルな集団の状況だけで判断し，インフォーマルな集団を見る観察眼が衰えてきているのである。

　いじめを早期発見する方法はSCが研修会で教職員に教授する必要がある。例えば，いじめられている子どもは，学年があがるにつれて「いじめられている」とは言わなくなる。それは，自分の自尊感情が傷つけられること，相談することでいじめがひどくなることへの不安があるからである。

　子ども達の休み時間の様子，子ども達との会話の中で，子ども達のインフォーマルな関係を常に把握しておくことが求められるが，多忙な教員達に，どのようにインフォーマルな関係を把握したらよいのか，研修会や雑談の中で，常に意識させていくことが必要である。ソシオグラムの作成は，インフォーマルな関係を把握するために有効であるが，人権問題の影響もあり，今は使われていない。しかし，子どもの観察・日常会話の中で，ソシオグラムをイメージしてもらっておくことが，いじめ問題の早期発見に繋がることを意識しておく必要がある。

　いじめの事実確認も非常に難しくなっている。前述したように加害者と被害者が入れ替わることが多いからである。早期対応は必要であるが，しっかりと事実確認をしないと，いじめの加害者であり，被害者でもあるという二重構造になっている場合もあり，保護者会を開いても，混乱する可能性もある。いじめの事実調査は，教職員全体で早急に行う必要があり，その際に，子ども達を傷つけない聴き方を指南することはとても重要である。

▶ Ⅲ　いじめ問題の対策

　いじめの対策には，予防的・早期発見・事後対応の３つがある。その中でも一番大切なことは，いじめが起こらないようにする予防的対応である。

　いじめ問題の対応は大きく分けて，２通りある。ひとつはいじめ問題が起こったときに「被害者」の気持ちに寄り添いながら，加害者と学級集団を指導するという対症療法的なものである。もうひとつは学級集団作りである。いじめが起こらないための学級集団を作り，子どもの人権意識を向上させる活動である。教育課程では，特別活動・道徳において行われる。いじめに関して言えば，予防的な対応である。従来の学

校においての「いじめ防止の授業」は弱者の気持ちに寄り添うことと加害者の行為を批判し，いじめが起こったら「注意をする」という「すべき論」を前提に構成されていた。しかし，現実的には仲裁者はいじめの被害者に転化されることから，その実効性は低かったと言える。いじめの現実に対する教師の側の意識と子どもの側の意識のずれが授業展開に反映されている。また，人権学習が道徳の副読本などを用いた座学中心であり，いじめが起こったときは，教師の説諭で解決したような錯覚に捉われてしまっていた。その現状から新しい授業展開として登場してきたのが，構成的グループ・エンカウンターの技法を取り入れた授業である。

　いじめの予防的な授業の臨床心理学的構成要素は「自己理解・他者理解・自己受容・自己主張・信頼体験・感受性の促進」である。このキーワードをもとに，体験学習するプログラムを組み立て，教員やSCの力量と学級状態に合わせた実践スキルが必要である。

▶ IV　いじめ予防の心理教育の実践

1．いじめの四層構造を理解させるためのロールプレイの心理教育

　いじめ予防のひとつの実践例として，筆者が小学校5年生と6年生，中学校1年生で行った「いじめ予防教育」の授業実践を紹介したい。

　授業のポイントは観衆の意識の変容によって，いじめは減少するという仮説を授業の中で実証することである。ロールプレイによって視覚化し，児童生徒に実感してもらうことである。いじめの四層構造をパワーポイントで解説した後に4者に分かれ，ロールプレイを行う。ここでのポイントはロールプレイを行う児童生徒が自由に発言できるようにすることである。いじめの構造を分析した森田（1986）はいじめにおける集団の構造は，「加害者」，「被害者」，いじめを楽しむ「観衆」，無関心層である「傍観者」の四層に分化しており，いじめをなくすためには，「観衆」および「傍観者」への教育が効果的であることを明らかにした。図1は学習の流れである。本実践の目的は，自分の心の動きを感じながら，いじめの四層構造を理解することである。いじめの様相は随分変わってきているが，いじめの原型はいじめの四層構造にある。

　いじめ問題は，保護者の関心も高い。そこで，保護者参観の時に行い，その後の懇談会の時に，いじめの構造や学級の実態を話した上で，保護者の意識を高めることも有効な手だてである。保護者が家庭の中で，子どもといじめの問題を話すことにより，子どもの意識も高めることができる。現在は，教職員研修会において，体験型研修として，いじめ予防のロールプレイを教職員対象に行っている。いじめの構造が「見える化」した後，予防には何が必要なのかを教職員で話し合うことで，抽象論でなく，具体的実践として共通実践できる。ロールプレイは児童生徒の心を傷つけるリスクを伴う。ファシリテーターは，SCか心理教育の経験がある教員が行うことが安全であるのは言うまでもない。教職員研修やSCの研修で「いじめのロールプレイ」を行ったところ，何人かの教員やSCが実際に行ったとの報告を受けた。その中で，うまくいかなかったという報告もあった。それは，学級の状況や子ども達のニーズをうまくつかみきれなかったところに要因がある。逆にSCからは，「先生達がいじめをリアル

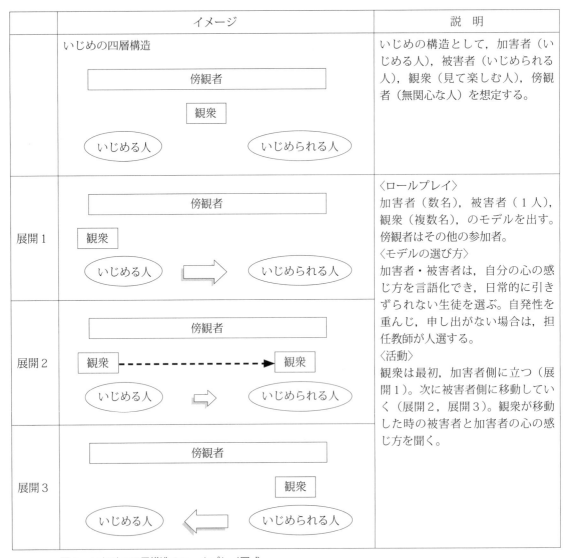

図1　いじめの四層構造のロールプレイ図式

に感じることができ，研修会のリピートがあった」という報告もあった。いじめのロールプレイを実際に体験した後，事前に教職員でリハーサルを行ってから児童生徒には実施することが望ましい。プログラムをペーパーだけで学習しても，実際に体験しないと留意点がよく分からないからである。いじめをなくすための心理教育が，児童生徒の心を傷つけることになったら，本末転倒である。

①　役割を演じる児童生徒の選定の方法
「いじめられる人1名」「いじめる人3名」「観衆6名」「傍観者はその他の児童生徒」
いじめられる役・いじめる役は日常的な関係を引きずっていないこと，自分の感情を言語化できることが条件である。心理劇と同様に自発的に行いたいという児童生徒から選ぶ。

② いじめのロールプレイ

図1のように，観衆はいじめる人の後ろに立つ。この時点でいじめられる人は弱者であるという構図が成立する。ファシリーテーターの合図とともに，「いじめる」のであるが，言葉や行動ではなくあくまでも心の中でのロールプレイである。合図とともにプレイを終了し，いじめられた人・いじめた人に振り返りを行う。

いじめる側についていた観衆もいじめる側につき，合図とともにいじめのロールプレイを行う。観衆の児童生徒は人権学習をして，半数がいじめられる側につく。ここで，合図とともにいじめのロールプレイを行う。実際にいじめるわけではない。いじめる側は，心の中でいじめるのである。それを視線や態度・表情でいじめられ役に伝える。いじめられ役は，いじめ役をみながら，いじめられていることを想像する。観衆は，いじめ役・いじめられ役の中で行われている「疑似いじめ」を楽しみ，視線でその感じたことをいじめられ役に伝えるのである。この疑似いじめ体験の時間は約1分間ぐらいである。途中でいじめられ役がきつくなってきたと思われたら，ロールプレイを中止する。

展開が進むことによって，いじめる役の児童生徒の言葉や表情は劇的に変化する。「いじめはいけない」というあるべき論ではなく，「やばい」等の児童生徒の生の声が，子どもにとっては説得力を持つ。

③ 観衆

観衆は最初いじめの側に立つが，半数の児童生徒がいじめられる側に移動する。（図1展開2）その際に，「人権の意味・仲間の大切さ・人の気持ち」など学んだ内容を確認する。

④ 傍観者

傍観者は，声を出したり笑ったりしないようにいじめのロールプレイを見ておくだけである。

2．児童生徒の感想から

下記の①〜④は児童生徒の授業の感想である。①②が中学1年生，③④が小学校6

表1　ロールプレイでの児童生徒の発言

	いじめられ役	いじめ役
展開1	・とても，きつかった。 ・苦しかった。 ・本当にいじめられている感じがした。	・すかっとした。 ・ざまぁみろと思った。 ・楽しかった。
展開2	・ちょっと楽になった。 ・何とかなりそうな気がしてきた。	・やばい。 ・いじめにくい。
展開3	・とても楽になった。 ・仲間がいるんだと実感した。 ・やり返したくなった。	・いじめたことを後悔した。 ・やりにくい。 ・今度はいじめられそう。

※留意事項

ネガティブな感情を引きずらないようにする。役割を解いた後，感情を引きずっていないか確認し，もし引きずっていたら，その感情がなくなるような手だてをとる。

年生である。

① お忙しい中，今日は，ありがとうございました。私は小学校の頃，いじめられていたので，周りの人達が少しでも味方についてほしいと，いつも思っていました。でも私の時はみんな敵で，いじめる人の言ったことを笑っていたり，応援したりして，ますます悪化していました。きっと，あの時先生の話のように，私の方に味方がいたらひどくはなかったと思います。今，私はなんかいじめられそうです。私はよくそういう対象になりやすいんですが，よければどうしたらいいのか教えてもらいたいです。でも先生の話で味方がふえれば，いいと思います。本当に今日はありがとうございました。

② 今日の学習では，自分自身がしっかり参加できたのでよかったです。今までの学習では，ただ話を聞くだけで，たいくつだったし，あまり話を聞いていなかったので，今回の学習は，すごくよい体験になりました。ありがとうございました！！！ ゲームでは，いつもあまり話をしたことのない人と話せたり，ゲームをしたりして，楽しかったです。それと，いじめの構造がすごく分かりやすかったです。ただ何もいわずに，何もしなくても，いじめる側の人は力が弱くなるので，もしいじめている人がいたら，見ているだけじゃなくて，「やめなよ」といえるようにがんばりたいです。今日はありがとうございました！！！

③ 人との触れ合いはとても大切なことだと分かりました。いじめられる人はとても不安だけど，いじめる人はいじめたら「すうっ」と気持ちが楽になる。それをただ面白そうに見ている人は「やれ，やれ，もっとやれ」など思っている。だけど面白そうに見ている人が「あ～，いじめはやってはいけないことなんだ」と分かって，いじめられている方にいくと，いじめられている方は気持ちがすっきりするが，反対にいじめていた方は「やれやれ」と言う人たち（仲間みたいなもの）がいなくなり，逆にいじめやすくなくなる。今度からいじめがあったら止めたいと思います。

④ 今日の学習は人との出会い，いじめなどを中心とした学習でした。大きなモニターで説明して下さったり，ゲームなど分かりやすい形で教えて下さいました。いじめは不快感から始まるということが分かりました。最初，味方も誰もいない一人のいじめられている人，いじめている人，見て楽しんでいる人。相当「差」があると思います。（4：1くらい？）そして，だれも勇気がなく助けられないことも分かりました。そこで，見ている人が学び，いじめられている人につきました。そしたら，いじめられている人は「少し軽くなった気がした」と言っていました。反対にいじめている人は「やりづらくなった」と言っていました。「へ～」と思いました。そしていじめは一人一人が助けることが大事なんだなと思いました。いじめはとても辛いです。この学習をして，誰かがいじめられていたら，それに気づき助けたいと思います。

①はいじめ体験者である。小学校時代の自分を振り返り，いじめられた実体験からいじめをなくすための観衆の役割の大切さを証明している。②は聞くだけではなく体験学習の有効性を記している。③④は観衆がどちらの側につくかで，いじめがどのように変化するかを的確に捉えている。「へ～」という言葉は，知識としても体感としても納得した表現だと言える。

いじめ問題への対応の方法

Ｖ　いじめ予防心理教育の効果と課題

授業実践実施校（３校）のデータの分析を行うことによって，いじめのロールプレイの体験学習の効果と課題について検討する。

１．調査方法
① 児童生徒の質問紙調査

体育館での授業の後，各教室で各担任によって，５件法によって授業評価と自由記述を行った。質問内容は「１．授業は楽しかったか。２．自分の心の動きを感じ取ることができたか。３．友達への言葉かけを今後注意しようと思ったか。４．いじめの構造が理解できたか。５．いじめを何とかしたいと思ったか。６．また，このような学習をしたいと思ったか」の６項目である。自由記述は「この授業で感じたこと・考えたこと何でも自由に書いてください」という設問である。

② 担任による児童・生徒個別評価

担任の児童・生徒評価と授業評価の相関を調べるために，各担任に「１．学力，２．生活意欲，３．人間関係能力，４．コミュニケーション能力，５．道徳心」について，Ａ・Ｂ・Ｃの３段階で評価してもらった。

③ エゴグラム調査

小学校２校については，本実践の授業効果と性格特性との相関を調べるために，エゴグラム調査を行った。実施に当たっては，調査者は担任ではなく筆者らが行った。

④ 担任への面接調査

授業終了後中学校においては１回，小学校においては各校３回，各担任に授業実践の効果と学級の様子・児童生徒について聞き取るための面接調査を行った。

２．分析結果
（１）児童生徒による授業評価の分析

授業実践終了後に実施した児童・生徒による授業評価アンケートの結果をもとに，３校の比較を行った。アンケートでは６項目について，それぞれ「全くあてはまらない，あまりあてはまらない，すこしあてはまる，かなりあてはまる，とてもあてはまる」の５段階で評定させた。分析に際しては，それぞれの評定値について分散分析を行った（結果は，まとめて表２に示した）。主な結果は以下の通りである。「授業の楽しさ」（$F_{(2, 370)}$=32.56，$p < .01$）について有意な差が見られ，多重比較の結果，Ｂ中学校がもっとも授業の楽しさの評定が高く，次いで，Ｄ小学校，Ｃ小学校の順であった。「いじめの構造理解」（$F_{(2, 370)}$=4.43，$p < .05$）について有意な差が見られ，多重比較の結果，Ｄ小学校がＣ小学校に比べ評価が高かった。「いじめを何とかしたい」（$F_{(2, 370)}$=3.64，$p < .05$）について有意な差が見られ，多重比較の結果，Ｄ小学校がＢ中学校よりも高かった。また，「学習をしたい」（$F_{(2, 370)}$=15.00，$p < .01$）について有意な差が見られ，多重比較の結果，Ｄ小学校とＢ中学校が，Ｃ小学校より評定が高かった。

いじめ問題への対応の方法

表2　児童・生徒による授業評価の実践実施校3校の比較

		1 C小学校 $N=143$	2 D小学校 $N=84$	3 B中学校 $N=146$	F	p	多重比較
授業の楽しさ	M	3.17	3.70	4.02	32.56	**	1<2<3
	SD	(.96)	(.85)	(.87)			
心の動きを感じる	M	3.37	3.55	3.36	1.14	n.s.	
	SD	(1.01)	(.86)	(1.00)			
友達への言葉を注意	M	3.58	3.78	3.64	1.09	n.s.	
	SD	(1.01)	(.94)	(1.07)			
いじめの構造理解	M	3.93	4.29	4.10	4.43	*	1<2
	SD	(1.01)	(.75)	(.81)			
いじめを何とかしたい	M	3.79	4.00	3.63	3.64	*	3<2
	SD	(1.01)	(.91)	(1.05)			
また，学習をしたい	M	3.26	3.80	3.95	15.00	**	1<2, 3
	SD	(1.22)	(.97)	(1.05)			

$**p < .01, *p < .05$

表3　児童・生徒による授業評価の小学生と中学生の比較

教師の児童・生徒の 特性の評価		児童・生徒の授業評価					
		授業の 楽しさ	心の動きを 感じる	友達への 言葉を注意	いじめの 構造理解	いじめを何 とかしたい	また，学習 をしたい
小 学 校	学力	.005	-.044	-.038	-.003	-.187	-.110
	生活	.157	.052	.110	-.093	.086	-.056
	人間関係	.160	-.110	.122	.098	-.140	.031
	コミュニケーション	.197	-.038	.085	-.094	-.221*	-.162
	道徳心	.182	.123	.097	.186	.029	.170
中 学 校	学力	.029	.093	.062	.061	.009	.074
	生活	.138	.220**	.272**	.327**	.256**	.114
	人間関係	.041	.112	.249**	.190*	.265**	.020
	コミュニケーション	.064	.130	.212*	.186*	.161	-.027
	道徳心	.086	.105	.020	.111	.073	.076

$**p < .01, *p < .05$

　小学校においては顕著に相関があるものはないが，中学校においては生活力（自立心がある・学級学校のことを積極的に行う）と相関が大きいことが分かる。双方に共通して言えることは，本授業実践は学力とは無相関であるということである。つまり，本授業実践は小学校6年生・中学校1年生の全ての児童生徒にコミットできる可能性が高い。

（2）エゴグラム調査と児童生徒の授業評価との関連性についての検討

　本授業の効果と児童の性格特性との相関を調べるために，C小・D小においてエゴグラム調査を行った。質問紙に答えた後，自分で各項目の得点を合計し，自分の性格特性を把握する技法である。各性格特性は下記のように5つに分類できるとしている。

　　CP　→　価値づける私（厳しさ・規範性・父性的：〜でなければならない）
　　NP　→　思いやる私（やさしさ・受容性・母性的：〜してあげる）
　　A 　→　考える私（客観的・合理的・判断力・大人的：〜と思う）
　　FC　→　あるがままの私（自由な子ども・開放性・自己中心性：〜したい）
　　AC　→　あわせる私（従順さ・協調性：〜してもいいの）

　児童（小学生227名，中学生はエゴグラムを実施していないので分析から除外されている）のエゴグラムの各特性の得点（1点から20点）と児童による授業評価の得点について相関分析を行った。NPと授業評価の各得点に有意な相関（$r=.217 \sim .374$）が見られた。Aと授業評価の「心の動きを感じる」（$r=.189$），「友だちへの言葉を注意」（$r=.196$），「いじめの構造理解」（$r=.143$），「いじめを何とかしたい」（$r=.145$）の4つの得点に有意な相関が見られた。FCと授業評価の「心の動きを感じる」（$r=.156$）の得点に有意な相関が見られた。（表4，図2参照）

　エゴグラムと授業評価との特に顕著な相関はNPとの相関が高いことである。つまり，思いやる私（やさしさ・受容性・母性）の特性が強い児童ほど，授業の効果が高いのである。NPの質問項目は「親切さや言葉遣い・あいさつ・人のお世話・他者理解」である。

　実践的なレベルで考えると，道徳・特活の授業や生徒指導の中で，このNPを教師が意識した授業実践を1年生から積み重ねていくこと，個別的にはNPが低い児童の生活背景や個人の特性を考えた指導支援をしていくことが肝要であることが示唆される。

（3）本実践事例の成果と課題

　本授業実践はゲストティーチャー（GT）としての筆者の実践を分析したものである。
　GTが授業を行うことによる利点は，日常的な関係を授業の中に持ち込まずにすむこ

表4　児童のエゴグラムの各特性の得点と授業評価との相関関係

	エゴグラム				
	CP	NP	A	FC	AC
授業の楽しさ	.071	.248**	.098	.084	.017
心の動きを感じる	.101	.286**	.189**	.052	.062
友達への言葉を注意	.077	.314**	.196**	.089	.078
いじめの構造を理解	.037	.211**	.143*	.111	.061
いじめを何とかしたい	.091	.374**	.145*	.156*	.034
また，学習をしたい	.061	.217**	.036	.040	.036

$**p < .01, \ *p < .05$

いじめ問題への対応の方法

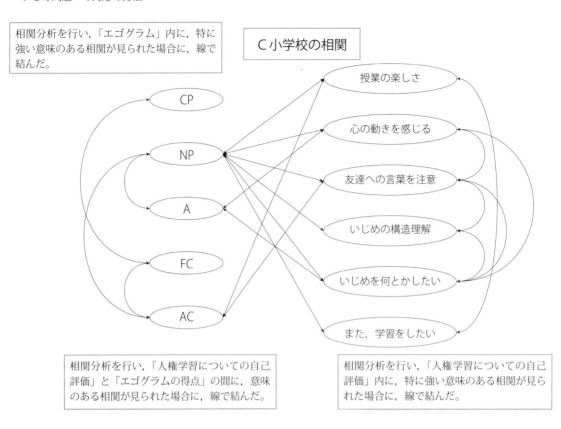

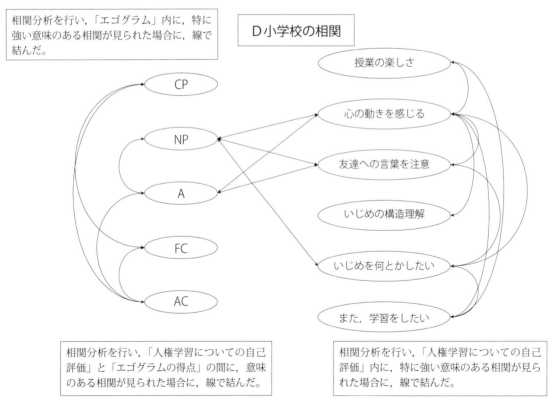

図2　人権学習についての児童の自己評価と児童の特性（エゴグラム）の関係図

とと，そのことによる適度な緊張感が GT と児童生徒の中に生まれることである。仮に，本授業実践を担任が行うと授業における効果は違ったものになると予想できる。

本授業実践から得られた今後の道徳の授業への示唆は次の２点である。

① 体験的学習がいじめの構造理解・いじめ防止意識高揚においても有効である。
② いじめ防止と性格特性は NP とＡが強い相関があり，１年生から授業実践・生徒指導において，NP・Ａに焦点化した取り組みが必要である。

本実践研究は３校の実践を分析したものにすぎない。今後の研究的課題としては，①実践事例を増やすことによって，その学校の児童生徒の特性理解の方法の開発，②各学校の児童生徒の特性を理解することによって，授業実践がどのように変わるかの分析，③ファシリーテーターが変わった場合の児童生徒の影響の変化の分析の３点である。

実践的課題としては，①担任が実践できる授業の開発をすること，②児童生徒理解の方法を教師と研究者が協働で開発することの２点があげられる。

◤ VI 質問紙と観察を通しての組織的対応 ◢

いじめ問題はいろいろな方法がとられているが，なかなか減少しない。今までの取り組みの精査と新たな枠組みが必要である。

そのいじめ防止委員会で，QU アンケートやストレスチェック等を用いて，子ども達の状況を把握し，具体的対策実践することが求められる。従来も「いじめ防止委員会」や「外部評価委員会」など，学校には多様な委員会が作られている。しかし，現在のいじめの実態を考えたとき，実質的に機能していないことは明らかである。実質的に機能するかは，オーガナイザー・コーディネーター役を SC が担うことができるか，さらに，教育委員会や校長をリーダーとする先生達の「いじめをなくしたい」と思う情熱とその具体的対応にかかっている。

現在，学校現場ではいじめや生活習慣などの調査が数多く行われている。いじめの調査においては，「いじめはありますか」と聞いて，「ある」と応えることには勇気が必要である。しかし，QU アンケートやストレスチェック等，間接的に聞くことで，いじめられている可能性のある児童生徒を見つけることができる。大切なことは，質問紙と教師の観察の組み合わせである。

【事例１】

A 中学校にストレスマネジメント教育を頼まれて３回に分けて行ったことがある。その際，毎回ストレスチェックを行った。その日のうちにハイリスク群を学校に報告した。その際，４名の女子生徒が，この生徒達のストレス度が高いのは理解に苦しむという担任の話があった。いつも，明るくまじめにしている生徒だった。SC と管理職も交えて話をして，様子を観察することになった。その際に，部活動の顧問の先生にも４人の生徒の様子を観察してもらうことになった。部活動の先生が４人の様子の異変に気づき，SC が話を聴くことになった。その中で，先輩からいじめられているこ

とが発覚した。部活顧問・担任・管理職・SC が被害者側と加害者側の子どもの話を聞き，その後，保護者を呼んで，話し合いが行われた。それ以降いじめはなくなった。

　調査は必要である。しかし，毎回同じ調査をして「いじめられた」と記入しても，何の対応もしてもらえなければ，調査そのものが惰性的なものになる。特に小学校4年生以降の前思春期に入ると，「いじめられている」と話すことが自分の自尊心を傷つけることになるのではないか，先生に相談することでいじめがひどくなるのではないかと不安に思い，誰にも相談できない場合が多い。例えば，プロレスごっこをしている生徒を見かけたとき，教師は「大丈夫か？」と声をかける。その時，いじめられた子どもは「いじめられています」とはほとんどの場合，応えない。いじめている生徒がすぐそばにいて，「いじめられている」と言うと，また，いじめはエスカレートする可能性が高い。その場合，いじめられている生徒は，笑いながら，「遊びですから，大丈夫です」と応えるのが精一杯である。

　心理学的に考えると一種のマニック・ディフェンスである。そのことを理解しているのと理解していないのでは，教師の対応は大きく異なる。

　児童生徒の状況把握は，調査と観察，そして，担任以外の外部者の観察と日常的な情報交換が必要であり，いじめ問題の対応は SC を交えて，慎重に対応していくことである。

　事例1から分かるように，担任一人でいじめの問題を解決することは難しい。場合によっては，担任の言動によって，いじめが助長されていることもある。「いじめに気づき，対応することは，担任一人では難しい」という強い自覚が教師には求められる。定期的に，授業の中で，いじめ問題を取りあげ，構成的グループ・エンカウンターやアサーショントレーニング，ストレスマネジメントなどを SC とともに行っていくことがいじめ予防には有効である。

引用・参考文献

増田健太郎・生田淳一（2005）道徳教育における体験的学習の効果に関する研究―いじめの四層構造を理解させるために．九州教育経営学会紀要，11

増田健太郎（2012）いじめ問題の背景とその解決策を探る．フォー NET，167

増田健太郎（2013）いじめの変容とその対応①②．教育と医学，4月5月号，慶応義塾大学出版

増田健太郎（2013）いじめ問題への構造的介入．臨床心理学，〈特集〉スクールカウンセリングを知る．

杉田峰康（1985）交流分析．日本文化科学社．

植木清直著，佐藤寛編（2002）交流分析エゴグラムの読み方と行動処方．鳥影社．

森田洋司（1986）いじめ四構造論．現代のエスプリ，至文堂．

森田洋司（2010）いじめとは何か―教室の問題・社会の問題．中公新書．

森口朗（2007）いじめの構造．新潮新書．

原清治・山内乾史編著（2011）ネットいじめはなぜ「痛い」のか．ミネルヴァ書房．

第1章　自分を知ろう

1-1　私ってどんな人？
1-2　今の私を考える
1-3　思考・感情・行動の関係を知る
1-4　体験を整理し理解する

第1章　自分を知ろう

　第1章では，自己理解に関する資料をまとめています。自己理解についての方法や資料は数多くあります。精神分析的な理解，交流分析的な理解，さまざまな心理テストによる理解など……。それらの「どれがいい」とするのでなく，自己理解ひいては人間理解の方法としてさまざまなものがあることを知っておくことが大切だと思います。何事にも絶対とか唯一というものはなく，さまざまなとらえ方があることを知りながら，自分のことを振り返る時，自分が受け入れやすい方法や考え方をもっておくのがいいと思います。

　ここでは，性格検査やエゴグラムなどのように集計したら結果が出てくるというのでなく，作業を通して自分なりに自分について考えてみるという活動を整理してみました。

　そのひとつとして，認知行動療法の基本的な考え方を教材化したものを掲載しています。認知行動療法の考え方は，自分を見つめ直すために使え，また，何か行き詰まり感が生じた時にそれを乗り越える知恵のひとつになると思います。

　下記のふたつのテーマで，授業の展開案と資料を掲載しています。

　A．考え・気持ち・行動を整理する（認知行動療法）

　B．体験を整理し理解する（認知行動療法）

　最初は「考え・気持ち・行動」に分けて考えるということに難しさを感じる子どもが多いかもしれません。特に，「考え」と「気持ち」の違いは理解しにくいと思います。ていねいな説明が必要になります。

　本編では，すべての活動を『展開案 ⇒ ワークシート ⇒ 資料』の流れで掲載しています。実際には，展開案に従って活動せずに，資料のみを使って講義形式の授業をしたり，個別面接の流れのなかで心理教育を行う時の資料として臨機応変に使用することもできます。

1-1 私ってどんな人？

目標
・チェックリストを使って，それを基に自分自身を振り返り，具体的な自分の姿を描くとともに，新しい自分の発見につなげる。

導入
① 次のような質問をして，挙手で応えさせる。
その質問内容と，挙手した人の人数を黒板に書く。
・自分には長所も欠点もある……
・自分を好きな時も，自分がイヤになる時もある……
・友達にもいろんな特徴（個性）をもった人がいる……
② みんなそれぞれ，その人なりの個性をもっています。今回は，自分自身の特徴や傾向について考えてみましょう。

展開
① チェックリストのそれぞれの項目で「あてはまる」「あてはまらない」「判断に迷う」に，自分がそうだと思うところに○をつける。
② ワークシートの図形の周りに「あてはまる」「あてはまらない」「判断に迷う」とした項目の『ことば』を書き出す。
③ 記入を終えたワークシートを見つめて感じたことや思ったこと，気づいたことなどを文章にする。
④ 結果を参考にしながら，「私って，こんな人です」のタイトルで考えたことを文章化するか，または自己紹介（自己PR）文を作成する。

まとめ
① あくまでも「チェックリスト」を通して見た自分であって，自分そのものではないことを理解した上で，自分のことを見つめ直す機会にして欲しい。
② シェアリング（感想文を書く，振り返り用紙への記入）

ひと言
このような検査は，この検査を通して見ると「こう見える」ということであり，断定的なものや決定的なものではないこと，自分を知る「ひとつの参考資料」として欲しいことを力説する。
ある傾向が，私という自分にとってプラスとして表れているのか，マイナスになっているのか，という視点も自分自身を見つめる時には大切なことを伝える。

参考文献
* 本単元は，『実践サイコエジュケーション』國分康孝監修，篠塚 信・片野智治編著（1999）図書文化社，p.74-77 をもとに作成しました。

37

ワークシート

1-1-a　私ってどんな人？

次の項目について，普段の自分を思い浮かべて，私に「あてはまる」か私に「はあてはまらない」を選んでください。できるだけ，どちらか一方を選ぶようにしてください。どうしても判断に迷う場合は「判断に迷う」としてください。

		あてはまる	あてはまらない	判断に迷う
1	冗談を言うのが好き			
2	情熱的			
3	冷静			
4	ひとつの事にこだわる			
5	おおらか			
6	行動するより考えるのが好き			
7	きれい好き			
8	空想にふけりやすい			
9	すぐに感動する（涙もろい）			
10	作業が速い			
11	古いものが好き			
12	じっくり考えて行動する			
13	人の世話をするのが好き			
14	消極的			
15	読書が好き			
16	感覚的に行動する方だ			
17	自分の思った通りにしたい			
18	決めたことは最後までやり通す			
19	ルールは臨機応変，柔軟に考える方だ			

		あてはまる	あてはまらない	判断に迷う
20	楽観的			
21	理詰めで考える方だ			
22	スポーツが好き			
23	いろんな事に興味がある			
24	誰とも気楽に話せる			
25	考えるより行動するのが好き			
26	皆といるのが好き			
27	我慢強い			
28	人前に出るのが好き（目立ちたがり）			
29	ていねいに作業する			
30	自己主張する方だ			
31	コツコツ勉強や作業する			
32	思いついたらすぐ行動する			
33	規則を守る方だ			
34	流行に敏感			
35	議論するのが好き			
36	皆と協力してやる方がいい			
37	人の意見にしたがうことが多い			
38	1人でいるのが苦にならない			

ワークシート

1-1-b　私ってどんな人？（続き）

　「あてはまる」「あてはまらない」「判断に迷う」とした項目の「ことば」を，それぞれの図形のなかに書き出してください。

　　　　　　　　　　　年　　組　No.　　名前

私って，どんな人？

あてはまる

判断に迷う

あてはまらない

ワークシート

1-1-c　　私って，こんな人です

　できあがった資料を基に自己紹介（自己PR）文を書いてみましょう。その際，なるべく自分を肯定的に表現してみましょう。また，この作業を通して，思ったことや気づいたことも書いてみましょう。

　　　　　　　　　　　　年　　組　No.　　名前

私って，こんな人です

_____

_____

_____

_____

_____

_____

_____

_____

_____

_____

○　今後，「あてはまる」にほしい項目は何ですか?

○　今後，「あてはまる」からなくなってほしい項目は何ですか?

○　時間があれば，やってみた感想を近くの友達と話し合ってみましょう。

1-2 今の私を考える

目標
・「スケーリング尺度」を使うことによって，自分自身の現在の幸福度・充実度を確認し，これから何をしたらもっと良くなるかを検討してみる。

導入
① 次のような質問をして，挙手で応えさせる。
その質問内容と，挙手した人の人数を黒板に書く。
・生活のなかでは，楽しいことも，イヤなこともある……
・自分は幸せだと思う時も，不幸だと思う時もある……
・がんばろうと思う時もあれば，どうでもいいや，面倒くさいと思う時もある……
② ほとんどの人が，いい時もあれば悪い時もあるということを繰り返しながら過ごしています。では，今の私について考えてみましょう。

展開
① 「スケーリング尺度」の考え方を理解する。
② 今の自分の状態を「スケーリング尺度」を用いて数値で表わす。
③ 現在の状態から「0.5」か「1」あがった自分の姿を具体的にイメージすることで，"今の自分の課題"を明らかにし，その解決へとつなげる。

まとめ
① 現在の状態を受け入れた上で，そこから少しでもより良くなろうと積極的に肯定的に，そして具体的に活動することの大切さを伝える。
② シェアリング（感想文を書く，振り返り用紙への記入）

ひと言
　「スケーリング尺度」は，面接場面での「スケーリング・クエスチョン」を活用したものです。この考え方をもっていると，自分の中に何か課題が生じたとき，その課題の大きさに混乱したり絶望したりすることなく，具体的な対処法や解決のステップを検討することができます。そんな活用範囲の広さを子ども達に知らせて，自分の中に「スケーリング尺度」をもっておくことの大切さを伝えることも意味あることだと思います。

ワークシート

1-2-a　　今の私を考える

　これまで，あなたが過ごしてきたなかで，最も積極的で肯定的に楽しく過ごせていた時を「10」とします。そして，何もかもがイヤになったり，やる気がなくなってしまったり，素直になれなくていらだっていたり，物事をすべて否定的に考えてしまったりして最悪だった時を「1」とします。

スケーリング尺度

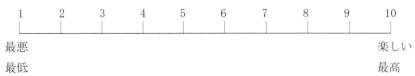

1．上の「スケーリング尺度」を使うと，「今のあなた」の状態は，いくつのところになりますか。（少数を使ってもかまいません）

2．その数値になったのは，あなた自身では，どうしてだと思いますか？

　　※　書くのに抵抗がある時は，自分自身のこころのなかに書いてください。

3．今の状態，そしてそれを表わしている上の数値は，あなた自身の真のこころにとって，あなた自身の「未来につながる今の私」にとって，納得（満足）できるものですか。次の①～④で，あてはまるものを選んでみましょう。

① 納得（満足）できる。とても充実している。楽しい。
② まあまあ納得（満足）できる。まあまあ充実・楽しい。
③ やや納得（満足）できない。不安や不満がある。苦しい。つらい。
④ とても納得（満足）できない。とても不安・不満。とても苦しい・つらい。

ワークシート

1-2-b 今の私を考える（続き）

4．「明日のあなた」が，今の数値から「0.5」か「1」あがった時，あなたは「今のあなた」と違って何をしていると思いますか。具体的に行動している姿で表現してください。（○○をしている，○○ができるようになっている，など）

5．あなた自身の「今のテーマ（課題）」は何だと思いますか。

6．あなた自身の「今のテーマ（課題）」の解決に近づくためには何をしたらよいかを具体的に考えてみましょう。（○○をする，○○をしてみる，という書き方をしましょう）

・ この作業を通して，自分のなかで気づいたことや感じたこと，思ったことなどを書いてみてください。

1-3 思考・感情・行動の関係を知る

目標

・人の気持ちと行動は，その人の考え方に大きく影響されるということを理解する。また，「考え方（思考）」「気持ち（感情）」「行動」の３つの要素の間のつながりを理解し，その考え方の背後にある「思い込み」についても考える。

・自分を冷静に素直にみつめて，今までより意識化できるようにすることで，自己理解を深めるとともに，自己コントロール力を高める。

導入

① 次のような質問をして，挙手で応えさせる。（質問と回答結果を板書する）
・生活のなかで友達関係は大切だと思う……
・生活は，楽しいことだけではなく，イヤなこと，つらいこともある……
・「どうせ，できっこない…」と思うことがある……
・「もう，どうなってもいいや」と思うことがある……
・「どうせ，自分なんか…」と思うことがある……

② 多くの人が感じたことのある，これらのことについて，認知行動療法という心理学の立場から考えてみよう。

展開

① 資料を使って，「思考」「感情」「行動」と，その関連について学習する。
・「思考」「感情」「行動」の意味を確認する。
・イヤな感情は，ゆがんだ考えから起こることに気づく。

② ワークシート（1-3-b）を使って「思考」「感情」「行動」を混乱させないで整理できるようになる。また，適切な考え（思考）が，適応する行動や健康な感情につながっていくことを理解する。

③ ワークシート（1-3-c）を使って，人は時として，自分に対してゆがんだ考えや価値判断（信念）をもっていることがあることを理解する。

④ その信念は，根拠のあるものか，そうでないのか，を検討する。

まとめ

① 自分自身の生活の仕方や対人関係の取り方などを検討する時，「思考」「感情」「行動」を混乱させないで自分を見つめられるようになること，適切な考え方ができるようになることが大切であることを確認する。

② 自分に対する評価についての考えが本当に根拠のあるものなのか，今一度，自分を見つめ直すことの大切さを確認する。

③ シェアリング（感想文を書く，振り返り用紙への記入）。

資　料

1-3-a　　「考え」「気持ち」「行動」を整理しよう

　私たちは，毎日さまざまな事に出合い，課題と向き合いながら生活しています。その出来事や課題に対して，どのように考え，どのような気持ちになり，どう行動するかは，その人によって異なります。自分のなかで，「考え」「気持ち」「行動」を整理して意識できるようになること，そして適切な結果に至るような選択ができるようになることが大切です。

　私たちは，毎日の生活で何げなく過ごしているときは，その出来事に対して，考え・気持ち・行動を混同してしまっていることがあるのではないでしょうか。

　　　出来事「来週は期末試験がある」
　　　　　⇒　考え・気持ち・行動『勉強は分からないし面白くないから，しない』
　　　　　　　⇒　結果「試験の結果が悪かった」〔出来事〕
　　　　　　　　　⇒　身体反応「身体がだるい，重たい」
　　　　　　　　　　　考え〔信念〕『やっぱり，自分はダメなんだ』

　このようなことを，延々と繰り返しながら，そのことに気づいていない，自分の生き方の課題としてはっきりと意識しないまま毎日の生活を過ごしていないでしょうか。

　　　出来事「来週は期末試験がある」
　　　　　⇒　考え『勉強は苦手だけど，希望する進路に進むためには必要』
　　　　　　　⇒　気持ち『やってみよう！　やるぞ！』
　　　　　　　　　行動『友だちに教えてもらいながら勉強した』
　　　　　　　　　⇒　結果「前回より，成績が上がった」〔出来事〕
　　　　　　　　　　　⇒　身体反応「身体が軽い，リラックス」
　　　　　　　　　　　　　考え〔信念〕『やれば，できる』

　同じ出来事に対してでも，そのことをどう考えるかは，その人が決めているのです。よい結果に至るためには，肯定的，積極的な考え方ができるようになることが大切です。また，気持ちと行動は別のことであることを明確に意識し，混同してしまうことがないようにすることが大切です。

　ある出来事から，どんな結果が導かれるかは，そのことに対する「考え」「気持ち」「どんな行動を選択するか」そのときに生じる「身体反応」が相互に影響しあうことで決まってきます。

　　　　　　　　　　　　　　　　　　考えを変えることで行動が変わる
　　　　　　　　　　　　　　　　　　　　　　　　　　気持ちが変わる
　　　　　　　　　　　　　　　　　　　　　　　　　からだの感じが変わる

45

ワークシート

1-3-b 「考え」を変えると「気持ち」や「行動」はどうなる？

ある出来事に対して，どのように考えるかで，それに付随してくる気持ちや，その後の行動は変わります。

次のような出来事に対して，示されているような考えをすると，どんな気持ちが生じてきて，その後はどんな行動をするかを想像して書いてみましょう。

出来事：今日の昼休みは，友だちとまったく話さなかった。	
考え：クラスの皆が自分を無視している。	考え：今日はたまたま話すタイミングがなかったんだ。
気持ち：	気持ち：
行動：	行動：

出来事：運動会の50m走に出場して転んだ。	
考え：転んだ姿を見て，皆は笑ったにちがいない。	考え：50m走では転んだけど，運動会は楽しかった。
気持ち：	気持ち：
行動：	行動：

出来事：絵画展に出品したら入賞した。	
考え：たまたまか，ラッキーなだけで，こんなことはもうない。	考え：私って才能あるかも。
気持ち：	気持ち：
行動：	行動：

あなたに最近起きた出来事について，その時，あなたはどんなことを考え，どんな気持が生じて，その後どんな行動をとったかを思い出して書いてみましょう。

出来事：
考え：
気持ち：
行動：

ワークシート

1-3-c　自分の信念を知ろう

　私たちは，日常の生活のなかで，何かに取り組もうとしたり，何かをした後に，自分の頭の中に何となくフッと浮かんでくる考えや，つぶやいているフレーズがあります。

　その考えや，何気ないフレーズが，自分のなかでどれくらいの強さの信念なのか，どれくらい確信していることなのかを数値で表現してみましょう。

　0％は，自分にはそんな考えはまったくない。逆に，100％は，自分は完全にその通りだと確信している状態です。

　次のような考えは，生活のなかでフッと浮かんでくるものです。ただ，そのフレーズ（信念）と，その強さや頻度は人によって異なります。

　あなたは，次のようなフレーズ（信念）に対して，どれくらい"そうだ"と思いますか？ どれくらい"そうだ"と思うのかを，数値で表現してみましょう。

私は，優秀な人間だ。 　　　　　　　　　確信度　　　　％	私は，人と比べて劣っている。 　　　　　　　　　確信度　　　　％
私は，やろうと思ったら何でもできる。 　　　　　　　　　確信度　　　　％	私は，何の取り柄もない。 　　　　　　　　　確信度　　　　％
私は，幸せな人生を過ごす。 　　　　　　　　　確信度　　　　％	私の人生は，うまくいきっこない。 　　　　　　　　　確信度　　　　％
私は，皆と気持ちを分かり合える。 　　　　　　　　　確信度　　　　％	私の本当の気持ちは誰もわかってくれない。 　　　　　　　　　確信度　　　　％
自分の意見は，主張すべきだ。 　　　　　　　　　確信度　　　　％	周囲の意見に合わせたほうがうまくいく。 　　　　　　　　　確信度　　　　％
人は信じられる存在である。 　　　　　　　　　確信度　　　　％	どうせ，人は信じられない。 　　　　　　　　　確信度　　　　％
自分のしたいことをするべきだ。 　　　　　　　　　確信度　　　　％	親の意見を尊重しなければならない。 　　　　　　　　　確信度　　　　％
自分の弱さを見せても，攻撃されることはない。 　　　　　　　　　確信度　　　　％	人に弱みを見せてはいけない。 　　　　　　　　　確信度　　　　％

　やってみて，どんな感じがしましたか。感想を書いてみましょう。

1-4 体験を整理し理解する

目標
- 実際に自分が体験したストレス場面を思い起こして,それに対する「考え方(思考)」「気持ち(感情)」「行動」について整理することで,自分自身のこころの課題について検討する。
- 自分の考えが本当に真実なのかを検証することにより,自己理解を深め,より良く生きようとする意欲を育む。

導入
① 次のような質問をして,挙手で応えさせる。(質問と回答結果を板書する)
- 学習や進路のことで悩むことがある……
- 友人関係で悩むことがある……
- 「どうせ,できっこない…」と思うことがある……
- 「どうせ,自分なんか…」と思うことがある……

② イヤなこと,つらいこと,逃げ出したいことなど,いろんなストレスを感じながら私達は毎日を過ごしているが,その内容について考えてみたい。

展開
① 「1-3 思考・感情・行動の関係を知る」で学習した内容を確認する。
② 最近ストレスを感じた場面を思い出し,それをワークシートに記入する。
③ その時,どんな気持ちになり,どんな行動をとったのか,身体の感じ(緊張,重たい,ふるえ,力が抜けた,など)はどうだったのかを整理して,ワークシートに記入する。
④ その時,心の中にフッと浮かんできたことばや,意識することなくつぶやくように口から出たことばがなかったか振り返ってみる。(何か困難なことに直面したときに,自分の中から浮かんでくる共通のことばがないかを考えてみる。)
⑤ そのストレス場面で,もし,別の考えをしていたら,どんな気持ちになり,どんな行動になっていたか,その時身体の感じはどうなるだろうかと想像してみる。
⑥ ワークシートに記入したことの全体を振り返って,"うまくいく"ために大切なことはどんなことかを整理する。
⑦ 全体で,この活動で感じたことや考えたことを出し合う。

まとめ
シェアリング(感想文を書く,振り返り用紙への記入)。

ひと言
　私達は,さまざまなストレス場面で,自分なりの,ある程度決まったパターンで反応していることがあります。それが,適切な対応であればいいのですが,もし,そのことで対人関係がまずくなったり,自分のなかで行き詰まり感などが生じるとしたら,その考えが適切かどうか,今日の学習のような方法で再検討してみることも大切なことです。

ワークシート

1-4　　体験を整理し理解する

　最近起きた，困ったことやイヤだったことを思い出して，その「出来事」を，下の図を使って整理してみましょう。そのとき，あなたは，どんなことを考え，感じ，そして何をしたのか・どんな行動をとったのかを思い出してみましょう。

出来事（いつ？　どこで？　だれと？　どんな状況で？　どんなことが？）

整理してみると……

どんなことを考えていた？	どんな行動をとった？
どんな気持ちになった？	その時の身体の感じは？
この時，自分の中によく浮かんでくる言葉やフレーズは出てきましたか？	

その時，もし別の考えをしていたら，どうなっていたと想像しますか？

こんなふうに考えたとしたら	どんな行動をとるだろう？
どんな気持ちになるだろう	その時の身体の感じは？

　うまくやっていくためには，どんなことが大切だと思いますか。この活動をやってみた感想も含めて書いてみましょう。

49

第2章　他者を知ろう

2-1　イメージって面白い

2-2　ごちゃまぜビンゴ

2-3　ドジ話をリフレーミング

2-4　友達のキャッチコピーをつくろう

第2章　　他者を知ろう

　第2章では，自分の周りの人に対する肯定的で積極的な関心をもち，その人達を理解する，理解しようとする気持ちを育むための方法のいくつかを提案しています。他者を肯定的にとらえることができることは，自分自身を肯定的に受け止めることにつながります。自己理解の学習と合わせることで，「I'm OK. You are OK.」の基本的な態度を育みたいものです。

2-1 イメージって面白い

目標
- 他者に関心を向ける時や，他者を理解しようとする時，その人の事実を積み上げることで理解する方法もあるが，具体的なことはよく分からなくても，イメージとして分かるという理解の仕方もあることに気づく。
- ひとつのイメージのもつ複数の意味や多様な価値に気づく。

導入
① 次のような質問をして，挙手で応えさせる。
その質問内容と，挙手した人の人数を黒板に書く。
- ・自分には長所も欠点もある……
- ・自分を好きな時も，自分がイヤになる時もある……
- ・友達にもいろんな特徴（個性）をもった人がいる……
② みんなそれぞれ，その人なりの個性をもっています。今回は，自分自身の特徴や傾向について考えてみましょう。

展開
① 6人程度のグループになり，（ジャンケンなどで）回答する順番を決める。
② 指導者が，「好きな食べ物を言ってください」などと指示する。グループ内で，決めた順に「好きな食べ物」を言う。言いたくない時，特に出てこない時はパスしてもよい。
③ 同じように「好きな花」「好きな国」「好きな色」「好きな人物・タレント」「見るとするなら，好きなスポーツ」などで順にやっていく。回答する順番も，1人ずつ，ずらしていくのもよい。
④ ひととおり終わったら，その人を見ながら回答されたものを振り返り，その人のイメージを感じる。

まとめ
① シェアリング（感想文を書く，振り返り用紙への記入）

ひと言

　人を知るのに，その人を紹介する時，○○に住んでいて，小学校（中学校）は○○の卒業で，好きな教科は○○，部活動は○○，趣味は○○で……などの表現の仕方があります。でも，一方で，今やったように，その人をながめて雰囲気を感じ取りながら，カレーが好きで，フランスが好きで，赤が好きな○○さん……とすると，「あぁ，そうなんだ」と何となくですが，その人を分かったような気がしないでしょうか。その人を説明するのに，ことばで具体的に事実を積み上げていくより，何かうなずけるものがないでしょうか。食べ物でも色でも，そのなかに複数のイメージをもっています。プラスのイメージも，マイナスのイメージも，そのイメージは各個人によっても違うと思います。そんなイメージの組み合わせから，その人を細かくは分からないけど，イメージとして理解できるということも大切なことではないでしょうか。

　何となくでも，「腑に落ちる」関係というのもありますよね。イメージって，面白いですね。

ワークシート

2-1　　イメージって面白い

1．6人程度のグループになる。

2．（ジャンケンなどで）回答する順番を決める。

3．指導者が，「好きな食べ物を言ってください」などと指示する。

　　グループ内で，決めた順に「好きな食べ物」を言う。言いたくない時，特に出てこない時はパスしてもよい。

4．同じように「好きな花」「好きな国」「好きな色」「好きな人物・タレント」「見るとするなら，好きなスポーツ」などで順にやっていく。回答する順番も，1人ずつ，ずらしていくのもよい。

5．ひととおり終わったら，その人を見ながら回答されたものを振り返り，その人のイメージを感じる。

好きな（　）＼名前	（　　　）	（　　　）	（　　　）	（　　　）	（　　　）	（　　　）

2-2 ごちゃまぜビンゴ

目標
- ビンゴゲームを通して，仲間のことを知り，仲間意識を育てる。
- 他者への肯定的で積極的なかかわりと気持ちを育む。

導入
① 今回の活動の目標を確認する。
② ウォーミング・アップとして，適当に室内を歩きまわりながら，出会った人にET タッチをしてあいさつを交わす。

展開
① ビンゴ用紙をもって，そのマスのなかに書いてあることに，あてまはると思う人 を探す。
② 「この人かな？」と思う人にまず握手をして自分の名前を告げる。
③ マスに書いてある質問をする。ただし，質問は1回だけで同じ人に複数の質問は できない。
④ 質問されたことが当てはまる時は，質問された人は用紙の質問が書いてあるマス のなかに自分の名前をサインをする。
⑤ たて，横，ななめのうち，一列（サイン）がもらえたら，「ビンゴ」と言って，黒 板に自分の名前を書く。
⑥ 時間があれば，2本目，3本目のビンゴに挑戦してみる。

まとめ
① 仲間を肯定的な存在として受け止め，積極的にかかわろうとする意識を互いに育 てて欲しいことを伝える。
② シェアリング（感想文を書く，振り返り用紙への記入）。

ひと言
　資料のビンゴの内容は，年度当初の中学校での仲間づくりの活動を想定したものです。ビ ンゴの具体的な項目は，給食のない学校もあるので，それぞれの学校や子ども達の実情，実 施する時期などに合わせて作成してください。

ワークシート

2-2　ごちゃまぜビンゴ

1．下の□のなかに書いてあることに，あてはまると思う人を探してください。

2．この人かな？と思う人にまず握手をして自分の名前を言います。

3．質問をします。質問できるのは1回だけで，同じ人にはそれ以上質問できません。

4．質問されたことが当てはまる時は，質問された人は用紙の質問が書いてある□のなかに自分の名前をサインをします。

5．たて，横，ななめのうち，一列サインがもらえたら，「ビンゴ」と言って，黒板に自分の名前を書きます。

6．時間があれば，2本目，3本目のビンゴに挑戦しましょう。

国語より社会が好き	理科より数学が好き	美術より保健体育が好き	英語より技術（または家庭）が好き	給食はパンよりご飯が好き
給食はミカンよりキウイが好き	給食はカレーよりシチューが好き	社会より国語が好き	理科より音楽が好き	保健体育より美術が好き
社会より数学が好き	音楽より理科が好き	保健体育より技術（または家庭)が好き	給食はジャムよりマーガリンが好き	給食は魚フライよりポテトチップが好き
給食はご飯よりパンが好き	給食はマーガリンよりジャムが好き	数学より社会が好き	技術（または家庭）より保健体育が好き	音楽より美術が好き
給食はポテトチップより魚フライが好き	美術より音楽が好き	技術（または家庭）より英語が好き	給食はシチューよりカレーが好き	数学より理科が好き

2-3 ドジ話をリフレーミング

目標
- 他者に関心をもち肯定的にみようとすることの大切さを学ぶ。
- 仲間のちょっとした失敗やうっかりミスでも，それを肯定的に共感的にみることが，人間関係を豊かなものにすることにつながっていくことに気づく。

導入
① 今回の活動の目標を確認する。
② 6人～8人程度のグループをつくる（ウォーミング・アップをかねて，グループ分けの活動を行う）。

展開
① まずグループ内で2人組をつくり，1人が話す役，もう1人が話を聞き引き出す役となり自己紹介を行う。次に，役割を交代して，同じように自己紹介を行う。話を補足するためのフリートーキングの時間をとる。（それぞれ3分程度）
② 次に，「最近，やってしまったドジなこと，うっかりミス」のテーマで，自己紹介と同じやり方で行う。
③ 同じグループのメンバーに，自分がペアを組んだ人の紹介を行う。その時，その人の失敗談やうっかりミスが，その人らしい魅力となるように肯定的な表現で紹介する。それを順次，グループの全員がペアの相手から紹介されるように交代して行う。
④ ひととおり終わったら，話を補足するためのフリートーキングの時間をとる。
　　※ 実施する集団が自己紹介が不要な場合は，①の代わりにウォーミング・アップとしての簡単な活動を入れる。

まとめ
① シェアリング（感想文を書く，振り返り用紙への記入）。
（指導者のコメント）
　人のドジなことや失敗談を聞くことで，話が盛り上がることがあります。ただ，話を聞いて，その人に対して親しみを感じて肯定的に受け取るのか，「ドジな人」としてしまうのかで，その後の人間関係は大きく変わります。
　ある事柄に対して，それを肯定的にとらえるか否定的にみるかは，その人によって決まります。肯定的で受容的な言動は，自分自身を穏やかで積極的な生き方にしていきます。自分の周りの人を肯定的にとらえるようになることで，自分自身の人生も肯定的に生きていきたいものです。

ひと言
　リフレーミングとは，「フレーム（frame：枠）」を「リ（re：新たに～する）する」ということで，さまざまな事や物，人を今までとは違った見方をしてみる，表現してみるということです。リフレーミングをすることで，ある物事に対して別の意味や価値を見い出したり，仲間に対して新しい気づきがあるかもしれません。
　リフレーミングすることで，物事や他者を肯定的にとらえることができるようになり，そこから仲間の新しい魅力や個性を再発見したいものです。
　子ども達の実態や状況に応じて，「資料：リフレーミングの練習」を使って説明することで，リフレーミングがイメージしやすくなります。

ワークシート

2-3-a　　ドジ話をリフレーミング

次の話を，その人の人柄を肯定的に表すものとして表現してみましょう。

例：「電車に乗って本を読んでいたら，いつの間にか降りる駅をふたつも過ぎていたんです」

　　○○さんは本を読むのが大好きで，降りる駅を乗り過ごしてしまうくらい熱中することもあるそうです。すごい集中力の持ち主なんです。

1．「今日の体育の授業はサッカーだから，がんばるぞ！ と思って登校したら，時間割を間違えていて，保健の授業の日だった」

2．「私は物事をなかなか決められなくて，昨日も服を買おうとデパートに行ったのですが，気に入ったのがふたつあり，1時間迷って結局決められなくて何も買わずに帰りました」

3．「ケーキを食べたくて買ってきたら，友達が『わあ，おいしそう！』と言うので，つい『どうぞ』と言ったら全部食べられて，結局私は食べられなかったんです」

4．「私はせっかちで，昨夜も突然チョコレートが食べたくなって，どしゃ降りの雨のなかをコンビニまで買いに行って，びしょ濡れになっちゃった」

5．「私はすごくおしゃべりで，この前も友達といっぱい話していて，ハッと気づいたら30分以上，ずっと私だけがしゃべり続けていたんです」

6．「私は凝り性で，この前もぞうきん1枚を縫うのに1時間以上かかってしまった」

57

資　料

2-3-b　　リフレーミングの練習

相手の話を聞いて，肯定的に返していく練習をしてみましょう。下のリフレーミングの例を参考にしてください。ウソにならないように言い換えるのがコツです。

相手の表現		リフレーミングの例
地味	⇒	もの静か，とけこめる，控えめ，おとなしい，謙虚，協調性がある
変わり者	⇒	個性的，特別な自分をもっている，自分の意思を貫く
おしゃべり	⇒	話すのが上手，話題が豊富，場を盛り上げるのが得意，にぎやか，明るい，物知り，ムードメーカー，コミュニケーションがうまい
こだわる	⇒	ていねいでねばり強い，集中力がある，綿密，自己主張ができる
気が強い	⇒	しっかりしている，元気がいい，積極的，頼れる，根性がある
無口	⇒	聞き上手，静か，思慮深い，冷静，シャイ，自分を抑えることができる，ことばに重みがある
人づきあいが下手，人見知り	⇒	自分を大切にしている，自分をもっている，ひとりでも生きていける，つつましい，穏やか
生意気	⇒	元気，自分が好き，自主性がある，ファイター，チャレンジャー，熱い自分を持っている，弁が立つ，自己主張がしっかりできる
根暗，陰気	⇒	おとなしい，思慮深い，自分の世界を大切にできる，こころが広い，やさしい
図々しい	⇒	堂々としている，にぎやか，こだわらない，前向き，ポジティブ（肯定的，楽天的)
おせっかい	⇒	世話好き，やさしい，正義感がある
頑固，分からず屋	⇒	意思がきわめて強い，自分をもっている
臆病	⇒	慎重，計画性がある
我がまま	⇒	正直，感情豊か
荒っぽい	⇒	元気がよい，ワイルド
ぶっきらぼう	⇒	率直，落ち着いている，正直
気性が激しい	⇒	情熱的，やる気がある
しつこい	⇒	粘り強い，根気がある
でしゃばり	⇒	リーダーシップがある，前向き，積極的
そそっかしい	⇒	行動的，頭の回転が速い
お調子者	⇒	ユーモアがある，ムードメーカー
	⇒	
	⇒	
	⇒	

2-4 友達のキャッチコピーをつくろう

目標
- 仲間を肯定的にとらえる。
- 自分と合わない仲間でも，その人の良さを認めることができる。

導入
① 「キャッチコピー」の意味を確認する。
② 今日は，友達の良さを簡潔に表現する「友達のキャッチコピー」をつくりたい。

展開
① ワークシート「友達のキャッチコピーをつくろう！」を配付し，つくりかたを確認する。
② 参加者全員の，その人らしさを肯定的に，イメージ豊かな表現となるようなキャッチコピーを考え作成する。
③ 肯定的なことばが出てこない時は「2-3-b リフレーミングの練習」を参考にする。
④ 作成したキャッチコピーを，それぞれ，その友達に渡す。
⑤ 友達から渡された自分を表現するキャッチコピーをみて，友達からみた自分の姿やイメージについて考えるとともに，今の気持ちを味わう。

まとめ
① 自分が，どんな気持ちになっているかを確認する。感想を聞く。
② シェアリング（感想文を書く，振り返り用紙への記入）。

ひと言

　クラスに仲間とうまくいっていない子どもがいると，その子ども達のなかには「自分のことを褒めてくれる人なんていない」と思い込み，その場を逃れようとする場合もあります。この活動の実施にためらいがある時は無理しないことです。

　また，他の先生方に応援を頼んで教室に入っていただき，子ども達が万が一にも否定的なメッセージを書かないようにこまめに観察するというような対応も場合によっては必要かと思います。

　「私は絶対に悪口を書かれる」と思い込んで途中で退室した子どもが，皆から肯定的なキャッチコピーをもらって，「自分の部屋に飾る」と泣いて喜んだことがありました。この活動がクラス内の人間関係を改善するきっかけになったこともありあました。

　この活動の後に続けて，友達からもらったキャッチコピーを参考にしながら，「自分のキャッチコピーをつくってみよう」という活動につなげることもできます。

　「キャッチコピー」とは，本来は商品や映画・作品等の広告などで，何らかのメッセージを伝える文章やことばです。広告では，この「キャッチコピー」次第で，商品のイメージが大きく変わるので重要視されています。

59

ワークシート

2-4　友達のキャッチコピーをつくろう

　友達の人柄が素直に肯定的にイメージできて周囲の人に伝わるような「キャッチコピー」をつくって，その人にプレゼントしましょう。友達の良さを再確認したり，再発見したりする機会にしましょう。キャッチコピーの例を参考にして，その友達を肯定的に素直に表現したステキな「キャッチコピー」をつくってください。

友達のキャッチコピー

[   ]

キャッチコピーの例：
　　レスリングをがんばってる □□ □□ 君。　ダンスが得意な □□ □□ さん。
　　将来は漁師になって親子船をめざしている家族思いの □□ □□ 君。
　　まじめで，毎日コツコツ努力している □□ □□ さん。
　　イラストを描くのが大好きで，とっても上手な □□ □□ 君。
　　○○になるのを夢見て練習している（勉強している） □□ □□ さん。
　　掃除が得意で，きれい好きな □□ □□ さん。
　　優しくて，いつも相談にのってくれる □□ □□ 君。
　　明るくておちゃめで，いつも楽しくしてくれる □□ □□ さん。
　　話好きで，誰とでもすぐ仲良くなれるステキな □□ □□ 君。
　　本を読むのが好きで，いつも物語の世界にいる □□ □□ さん。
　　いつもゴミ拾いのボランティア活動をやっている □□ □□ 君。
　　静かで穏やかな，でも夢をもっているステキな □□ □□ さん。

キャッチコピーで使う"ことば"の探し方
1．その人が，がんばっていることを探す。
2．その人が実行した「いいこと」（善行・ボランティア活動・援助など）を表現する。
3．その人の趣味や特技を肯定的に表現する。
4．その人の将来の志望や夢と現在を結びつけて表現する。
5．その人の性格傾向や雰囲気を肯定的に表現する。「リフレーミングの練習」を参考にする。
6．その他，その人の特徴やイメージを肯定的に表現する。

　※　絶対に守って欲しいこと
　　友達の特徴の価値を下げたり，否定したり，攻撃したりするようなことを書かない。
　　肯定的なことばは，自分自身のこころを落ち着かせて穏やかなものにします。
　　否定的なことばは，自分自身のこころをいらだたせます。

第3章　コミュニケーションの技術

3-1　あいさつと苦手な人への接し方

3-2　一方通行・双方向のコミュニケーション

3-3　ノンバーバル・コミュニケーション

3-4　上手な頼み方

3-5　上手な断り方

3-6　話を聞く態度

3-7　相談を受けるスキル

第3章　コミュニケーションの技術

　第3章では，話の聞き方や応答の仕方，その際に留意することなどの演習資料をまとめてみました。カウンセリングや教育相談の研修で行われる傾聴の練習としてもよく使われるものです。

　また，ピア・サポート活動を実践する際の，ピア・サポーターに対する基本的なトレーニングとしてもよく使われる内容でもあります。

　相談場面での傾聴のスキルを整理して，具体的に学ぶことにより，そのスキルを日常生活の会話に活かし，より良い人間関係につなげていこうとするものです。

　会話でのより良い応答の方法についての学習ですから，展開としてはペアになってのロールプレイが基本的なやり方になります。

　コミュニケーション・スキルとして（1）～（7）の資料をまとめていますが，これらをそれぞれ1時間ずつ実施するのではなく，適当に組み合わせたり，いくつかのテーマを選んで学習内容を構成されるのが現実的だと思います。

　「頼み方」の学習は「援助を依頼する」，「断り方」の学習は「薬物の使用やいじめの誘いからの断り方」につなげると，ライフ・スキル教育にもなります。

　「苦手な人とのつきあい方」の学習は，ライフ・スキル教育やストレス・マネジメント教育として取り扱うこともできます。

3-1 あいさつと苦手な人への接し方

目標
- 自分にとって苦手な人でも，その人といがみ合ったり，いらだちながら接することのないようなつきあい方について考える。
- 適切なあいさつの仕方について具体的に学ぶ。

導入
① 次のような質問をして，挙手で応えさせる。（質問と回答結果を板書する）
　・学校生活での友達関係は大切だと思う……　・気の合う先生もいるけど，気の合わない先生もいる……　・仲のいい友達もいるけど，苦手な友達もいる……
② すべての人と仲良くすることができればいいのかもしれないが，実際には難しい。今回は，自分にとって苦手な人との接し方について考える。
③ ウォーミング・アップを行う。（例：ET タッチ）

展開
① ウォーミング・アップの感想を出し合う。
② 互いに負担を感じないで，穏やかな，さわやかなあいさつをするには，どんなことをすればよいのか具体的に考えさせる。
　１．あいさつしようとする相手に，一瞬，視線を合わせる。
　２．相手との距離に留意する。
　３．顔の表情を穏やかに，姿勢を正す。
　　顔の表情・目線・積極的に・オープンな・リラックス（3-6-b 参照）
　４．はっきり，相手に聞こえるような声の大きさであいさつする。
③ 相手との距離や言い方，姿勢などを変えて，あいさつの仕方をそれぞれに演じてみて，その感想を引き出す。
④ 適切なあいさつの仕方について具体的に確認する。
⑤ ペアになって，自分にとって苦手な人を連想し，どれくらいの距離に近づくと気になり始めるかを具体的に考えてみる。
⑥ 資料を使って，苦手な人との接し方について具体的に確認していく。
⑦ 苦手だから無視したり反抗したりするのでなく，社会的な役割はきちんと果たしながら個人的なつきあいを制限するという方法を学ぶ。
⑧ 生徒の体験談や感想を引き出す。

まとめ
① 全体で，上記の活動を行って感じたことや気づいたことを話し合う。
② すべての人と仲良くしようとすることもひとつの生き方だが，自分に合う人，合わない人がいることを受け入れて，それなりのつきあい方をしていくこともひとつの生き方であることを伝える。
③ シェアリング（感想文を書く，振り返り用紙への記入）。

参考文献　*『エッセンシャル心理学』藤永保，柏木 恵子（1999）ミネルヴァ書房

63

資 料

3-1　あいさつと苦手な人への接し方

　すべての人と仲良く過ごすことができればいいのでしょうが，実際には，自分がつきあっていくには，どうしても苦手な人がいるのも事実だと思います。そんな人との接し方について考えてみましょう。

1．あいさつをする

　どんなに苦手な人，話したくない人でも「おはよう」「こんにちは」「さようなら」などのあいさつをしましょう。無視したりすると，かえって心はいらだつものです。

2．相手の2m以内に入らないようにする

　相手との距離が縮まれば縮むほど，相手の存在が気になります。

3．係としての責任や約束を果たす

　苦手な人と同じ係になっても，その仕事はきちんとやり遂げます。苦手な先生の出す課題ほど，きちんとやり，提出日を守ります。そうしないと，苦手な人とのかかわりやトラブルが増えてしまいます。

4．個人的な話をしない

　苦手な人と個人的な話をしようとすると，こころにさざ波がおきやすくなります。個人的な話は，仲のいい人と楽しくすればいいのです。無理をして，苦手な人との会話に加わる必要はありません。

5．感情的なことばを言わない

　苦手な人にでも，「キライ！」「来るな！」などのことばを使わないようにします。

　苦手な人に対してでも，「キライ！」「来るな！」などのことばを使うと，自分自身のこころがいらだってきます。

参考：個人空間

① 密接距離＝家族・恋人のようなごく親しい人との場合　0 m～0.45 m
② 個人距離＝親しい友人との会話時　0.45 m～1.2 m
③ 社会的距離＝相手の上半身がよく見える距離　1.2 m～ 3.6 m
　　　　　　身体全体が視野に入るくらい　個人的でない話題・形式的儀礼的な対話
④ 公衆距離＝講義，演説などの時　3.6 m～7.6 m

3-2 一方通行・双方向のコミュニケーション

目標
- "聞く"ことの大切さに気づかせるとともに，位置関係や対話の大切さに気づかせる。
- より良いコミュニケーションのためには，何が大切かについて学ぶ。

導入
① 次のような質問をして，挙手で応えさせる。（質問と回答結果を板書する）
  - 人の話を正確に聞き取ることは大切だ……
  - 相手に分かりやすい話し方をするのは大切だ……
  - 友達と仲良くしていくためにはコミュニケーションが大切……
② "コミュニケーション能力"とよく言われるが，具体的にはどんなことかを考えてみたい。
③ ウォーミング・アップとして簡単な活動を行う。
  例：（ペアを組んで）3分間マッサージを行う。
     足を伸ばして背中合わせになって座る。1分間，目を閉じて，静かに（話さないで）相手の感じをつかむ。そのままの姿勢で，感想を話し合う。
  全体で感想を出し合い，指導者はそれを肯定的にコメントする。

展開
① 人と話す時にはどんな位置関係があり，その時どんな感じがするか話し合う。
  - 向かい合う，向き合う角度をずらす，背中合わせ。
② 一方通行と双方向のコミュニケーションの違いに気づく。
  ペアを組んで，一方が図形（資料）や数式を口頭で説明し，他方はそのとおりに書き留める。
  - 背中合わせになって伝える。聞き手は質問してはいけない。（3～5分間×2）
  - 向き合って行う。聞き手は質問してもよいし，話し手は様子を見ながら指示してもよい。（3～5分間×2）
  - 2人で感想や気づいたことを話し合う。

まとめ
① 全体で，上記の活動を行って感じたことや気づいたことを話し合う。
  人と話す時にはどんなことに気をつけたらいいか，意見を出し合う。（互いの位置関係，双方向のコミュニケーションの大切さ，など）
  - 指導者は，より良いコミュニケーションのためには何が大切かについて，ポイントをまとめる。
② シェアリング（感想文を書く，振り返り用紙への記入）。

参考文献
* 本単元は，『ピア・サポート実践マニュアル』T. コール（バーンズ亀山静子，矢部文訳，2002）川島書店, p.121-122 および，「Peer Support Programs in KINUGAWA」（2001）の資料をもとに作成しました。

ワークシート

3-2　一方通行・双方向のコミュニケーション

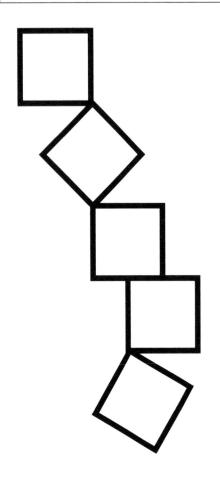

1．一方通行のコミュニケーション

手順：左の図をよく見てください。あなたの相手に対し，背を向けた状態で，この図が描けるように指示してください。一番上の四角形から説明を始め，順番に降りていきます。

先に説明した四角形と，今説明している四角形との関係を述べるようにしましょう。

ただし，質問を受けることはできません。

2．双方向のコミュニケーション

手順：右の図をよく見てください。あなたの相手に対し，向き合った状態で，この図が描けるように指示してください。一番上の四角形から説明を始め，順番に降りていきます。

先に説明した四角形と，今説明している四角形との関係を述べるようにしましょう。

質問には必ず答えるようにし，必要であれば説明を繰り返してもかまいません。

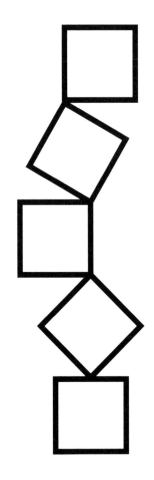

| 3-3 | ノンバーバル・コミュニケーション |

目標
- 感情はしばしば非言語的（ノンバーバル）に伝わることを理解する。
- 同じ感情をいろいろな非言語の表現で表わすことができることを理解する。

導入
① 次のような質問をして，挙手で応えさせる。（質問と回答結果を板書する）
- 人の話を正確に聞き取ることは大切だ……
- 人の気持ちを汲み取ろうとすることは大切だ……
- 同じような気持ちでも，その表現の仕方は人によって異なると思う……
② ウォーミング・アップを行う。6人程度のグループで行う。
例1：紙風船バレーボール
例2：テーマでひと言

展開
① 気持ちは，しばしばことばを使わずに表情やボディ・ランゲージ，姿勢などによって伝えられることを話す。
- 「私の気持ちを当ててください」と言って，指導者が下記のような気持ちを表情，ジェスチャー，姿勢などによって表現する。

寂しさ	混乱	怒り	不安	幸福

- 生徒に何の感情だったか質問し，言い当ててもらう。
② 資料のような「気持ちのリスト」を生徒に配布する。6人程度のグループで実施。
- 生徒は，それぞれリストから気持ちを表わすことばをひとつ選び，それをジェスチャーで非言語的に表現する。
- その他の生徒は，表現された気持ちを言い当てる。それを順に交代して行う。
- 感じたことをグループで話し合う。

まとめ
① 全体で，上記の活動を行って感じたことや気づいたことを話し合う。
② 指導者は，トレーニングの目的と生徒の感想をからませて，まとめる。
- 気持ちは非言語的にも伝えられる。
- 人によって同じ気持ちでも表現の仕方が違う。
- 人がどういう気持ちかは，はっきりとは分からない。
　　　　　　　　　　　　　～　想像するしかできないということ
- でも，悲しみや，やる気を失った気持ちなどの表現は似通っているということ。
③ シェアリング（感想文を書く，振り返り用紙への記入）。

参考文献
* 本単元は，『ピア・サポート実践マニュアル』T. コール（バーンズ亀山静子，矢部文訳，2002）川島書店，p.118-119 をもとに作成しました。

資　料

3-3　　気持ちのリスト

気持ち（感情）を表わすことばの例：

幸せ	うれしい	楽しい
気持ちがいい	ほっとした	自慢できる
感謝している	感激している	できた！
できる自信がある	試合に勝った	

寂しい	不満だ	つまらない
怒っている	不安だ	がっかりした
みじめだ	恥ずかしい	こわい
やる気がない	絶望した	試合に負けた
どうしていいか 分からない	迷っている	

3-4 上手な頼み方

目標
- 相手の気持ちを尊重しながら自分の要望を素直に依頼できるようにする。

導入
① 次のような質問をして，挙手で応えさせる。（質問と回答結果を板書する）
- 人に頼み事をする時，ためらう時がある……
- 頼み事をしようとしたが，うまく表現できなかった時がある……
- 頼み事をしたが，断られてイヤな気持ちになったことがある……

② 今回は，人に頼み事をする時の基本的なパターンを確認したい。

③ ウォーミング・アップを行う。

展開
① ワークシートの課題1に対して，自分だったらどう対応するかを考える。
- はっきりと頼まない（もじもじした）非主張的な頼み方をモデルとして示す。
- 命令的，威圧的な頼み方をモデルとして示す。

② 資料を使って，穏やかな頼み方の基本的なパターンを確認する。
（なげかけ ⇒ 頼み事の内容 ⇒ 理由 ⇒ その結果についての内容）
- ワークシートや資料の例を使って，教師（頼む役）と生徒（頼まれる役）がモデルとして演じる。表情，目線，相手との距離，声の大きさやトーンにも留意する。

③ いろいろな場面での頼み方を考え，台本をつくる。（10分間）
- 場面は，ワークシートや資料のなかから選択するか，または自分で考える。

④ 台本をもとに，グループ内でロールプレイを互いに交代して行う。（2分間×4）
- 4人グループになり，頼む役と頼まれる役，観察者（2名）を決める。
- 頼まれた人は，それを受け入れる。断ったり，ためらったりしない。
- 観察者は良かったところや「自分だったらこうする」などコメントする。
- 途中で上手なペアに全員の前で演じてもらい，いいところを具体的に確認する。
（例）頼む内容，顔の表情（視線や笑顔），声の大きさ（はっきり）など。

まとめ
① 全体で，今回の活動を行って感じたことや気づいたことを話し合う。

② 指導者は，活動の目的と生徒の感想をからませて，まとめる。
- 頼み方の基本的なパターンを確認する。
- 顔の表情や声の大きさなども大切であることに気づく。
- 実際には，良い返事が得られない場合でも，それを受け入れるという心の作業があり，自分の言動に責任を負わなければならないことに気づく。

③ シェアリング（感想文を書く，振り返り用紙への記入）。

参考文献
*『ソーシャルスキル教育で子どもが変わる　小学校』國分康孝監修，小林正幸，相川 充（1999）図書文化社

ワークシート

3-4-a　　相手を尊重した頼み方

次のような時，あなたは，どのようにして相手に頼みますか。

課題1：1人ではもちきれない荷物を教室までもっていくように先生に頼まれました。そこへ，
　　ちょうどクラスの友達3人が通りかかりました。

課題2：明日の美術の授業に何をもってくればいいのか分かりません。近くにいる友達に聞こう
　　と思います。

課題3：数学の宿題でどうしても分からない問題がありました。その問題を次の日に発表しなけ
　　ればなりません。そこで，数学の得意なA君に聞いてみようと決心しました。

課題4：修学旅行の自由行動で道に迷ってしまいました。通りがかりの人に目的地に行く方法を
　　教えてもらおうと思います。

資　　料

3-4-b　　こころをこめた頼み方

頼み方の基本

なげかけ	頼み事の内容	頼み事の理由	その結果についての対応
ごめんね， わるいけど，	このプランターを運ぶ の伝ってくれない？	1人では運べないん だ。	ありがとう。 無理を言ってごめんね。

※ 理由が簡潔に言える時は，「内容」と「理由」の順序が入れ替わってもよい。

頼み事の例

1．明日の図工の時間には何をもってくればよいのか教えて欲しい。
2．1人ではもちきれない荷物を教室にもっていくように先生に頼まれた。そこへ，ちょうどクラスの友達3人が通りかかった。
3．修学旅行の自由行動で，目的地の博物館までいく方法を教えて欲しい。
4．縄跳びで，2重とびを跳ぶコツを教えて欲しい。
5．パソコンの使い方を教えて欲しい。
6．数学の宿題で，どうしても分からない問題があった。その問題の解き方を次の日に発表しなければならない。そこで，数学の得意なA君に教えて欲しい。
7．その他＿＿＿＿＿＿＿＿＿＿＿＿＿＿＿＿＿＿＿＿＿＿＿＿＿＿＿＿＿＿＿

頼んだり断る時に，こころがけること

1．笑顔でやさしく言う（表情）
2．相手を見る（視線）
3．素直に言う（リラックス，オープン）
4．きちんと聞こえる声で言う（声の大きさ）
5．距離がいい（相手との距離）

※ 人に援助を依頼する時に，冷静に的確に具体的に依頼することは意外と難しいものです。感情的にならず，相手への思いやりをこめた依頼の仕方と，その返答への対応について学習するものです。
※ また，3-5上手な断り方（人間関係を壊さないで，自分の判断を伝える）とも，合わせて考えてみましょう。

3-5 上手な断り方

目標
- 相手の気持を尊重しながらも，自分の考えもはっきりと言えるようになる。

導入
① 次のような質問をして，挙手で応えさせる。（質問と回答結果を板書する）
  - 人から頼まれて，断れなくて渋々手伝ったことがある……
  - 頼まれたことを，うまく断れなくて気まずい思いをしたことがある……
  - 頼まれたことを断った時の相手の態度に戸惑ったことがある……
② 今回は，人から頼まれた時に，それを断る時の基本的なパターンを確認したい。
③ ウォーミング・アップを行う。

展開
① ワークシートの課題1に対して，自分だったらどう対応するかを考える。
  - はっきりと断らない非主張的な断り方をモデルとして示す。
  - 怒りながら断る攻撃的な断り方をモデルとして示す。
② 自分の考えもはっきり伝え，相手も大切にした言い方を考える。
  - 生徒の意見を聞きながら整理していく。資料を使って確認する。
  （応答 ⇒ 断り ⇒ 理由 ⇒ 代案の提示）
  - ワークシートや資料の例を使って，生徒（頼む役）と教師（断る役）とがモデルとして演じる。表情，目線，相手との距離，声の大きさやトーンにも留意する。
③ いろいろな場面で頼まれた時の断り方を考え，台本をつくる。（10分間）
  - 場面は，ワークシートや資料のなかから選択するか，またはグループで考える。
④ 台本をもとに，グループ内でロールプレイを互いに交代して行う。（2分間×4）
  - 4人グループになり，頼む役と頼まれる役（断る役），観察者（2名）を決める。
  - 頼まれた人は，それを断る。
  - 観察者は良かったところや「自分だったらこうする」などコメントする。
  - 途中で上手なペアに全員の前で演じてもらい，いいところを具体的に確認する。
  （例）断る内容，顔の表情（視線や笑顔），声の大きさ（はっきり）など。

まとめ
① 全体で，今回の活動を行って感じたことや気づいたことを話し合う。
② 指導者は，活動の目的と生徒の感想をからませて，まとめる。
  - 断り方の基本的なパターンを確認する。
  - 人から依頼されても，いつもやってあげられるとは限らない。相手と自分の気持ちや事情を考えて，断るのか引き受けるのかを決めることが大切である。断る時には，穏やかに，はっきりと断れる人になることが大切である。
③ シェアリング（感想文を書く，振り返り用紙への記入）。

参考文献
*『ソーシャルスキル教育で子どもが変わる　小学校』國分康孝監修, 小林正幸, 相川 充（1999）図書文化社

ワークシート

3-5-a　　互いを尊重した断り方

次のような時，あなたは，どのようにして断りますか。

課題1：明日は英語の試験があるというのに，放課後，友人のA君から，「英語のノートを貸して」と頼まれました。

課題2：A先生から，「2時までに○○をして」と頼まれ引き受けました。ところが，その後，大好きなB先生から「2時まで△△を手伝ってくれない」と頼まれました。

課題3：月曜日に数学の試験があり，今度はがんばろうと思っています。ところが，仲良しグループで，前日の日曜日に皆でそろって遊園地に遊びに行こうと，話がまとまろうとしています。今，皆で集まってその相談をしているところです。

課題4：4時間目の英語では課題があって発表しなくてはなりませんが，まだできていません。幸いなことに3時間目が自習になりました。ところが，皆は自習になったと喜び次々に話しかけてきます。あなたは，うるさくて課題ができなくイライラしています。

| | | | 資　　　料 |

3-5-b　　こころをこめた断り方

断り方の基本

応答	断り	理由	代案の提示
ごめんね， わるいけど，	私にはできない。 私はしたくない。	時間がないから。 私にはできないから。 それはいけないと思うから。	また今度ね。 〇〇さんならできるかも。 別の方法を考えたら？

※　理由が簡潔に言える時は，「断り」と「理由」の順序が入れ替わってもよい。

断るテーマの例

1．自分の意見を言う力を育てたい時
　（1）明日は英語の試験があるのに，放課後A君から「英語のノートを貸して」と頼まれた。
　（2）月曜日に数学の試験があり，今度はがんばろうと思っている。ところが，なかよしグループで，前日の日曜日に皆でそろって遊園地に遊びに行こうと，話がまとまろうとしている。今，皆で集まってその相談をしているところ。
　（3）まだ自分も読み終えていない本を貸してと頼まれた。

2．いじめがありそうな時
　（1）A男に意地悪をしようと，誘われた。
　（2）A男をからかおうと，誘われた。
　（3）A男をシカト（無視）しようと，誘われた。
　（4）走るのが苦手なのに学級会でリレーの選手に選ばれそうになっている。

3．規範意識が低い時
　（1）宿題を見せてと頼まれた。
　（2）係の仕事をさぼって帰ろうと，誘われた。
　（3）危険な遊びを一緒にしようと，誘われた。
　（4）学校を抜け出して遊びに行こうと，誘われた。
　（5）タバコを差し出されて一緒に吸おうと，誘われた。

※　人から援助を依頼された時に，相手の心情を害しないように，そして自分自身の立場をも冷静に的確に伝えて，その依頼を断ることは意外と難しいものです。
※　感情的にならず，相手への思いやりをこめた上手な断り方（人間関係を壊さないで，自分の判断を伝える）を考えてみましょう。

3-6 話を聞く態度

目標
- "聞く"ことの大切さに気づき、聞き手の姿勢や態度が、話し手の話そうとする意欲や話しやすさにどう影響するかを学習する。

導入
① 次のような質問をして、挙手で応えさせる。（質問と回答結果を板書する）
- 人の話を正確に聞き取ることは大切だ……
- 人の話を聞く時は姿勢や態度も関係すると思う……
- 話していて「この人に話さなければよかった」と感じたことがある……

② "聞く"ことが、より良い人間関係や仲間をサポートしようとする時の基本となるが、そのことを具体的に考えてみたい。

展開
① （ペアになって）直撃インタビューを行う。（3分間×2）
- 一方が質問して、もう1人の質問に答える。その人の人柄を理解しようとする質問をする。どれだけいい質問ができるか。また質問される方は、素直に応える。答えたくない質問には、「ノー・コメント」あり。
  - 質問例：好きなことばは？　好きなことは？
  - ※ 質問に徹し、その答えから自分の話に振らないようにする。
  - ※ 指導者がウォーミング・アップとして生徒の質問に答える。

② 関心のない聞き方で聞く。（1分間以内、または3～5会話）
- 話し手は「私の○○は、□□です。なぜなら……」と一方的に話し続ける。
  - テーマの例：私の趣味、私の好きな食べ物・スポーツ・音楽、私の夢、
    - 行きたいところ、昨日の（楽しい・イヤな）出来事、など
- 2人で感想や気づいたことを話し合う。（③④でも同様）

③ 役割を交代して、一方的な聞き方で聞く。（1分間以内、または3～5会話）

④ 積極的で肯定的な聞き方で聞く。（2分間）　互いに交代して行う。

まとめ
① 全体で、上記の活動を行って感じたことや気づいたことを話し合う。
- 聞き手の態度によって、会話が影響を受けることに気づく。
- 積極的に話を聞こうとする態度、話を引き出そうとする態度が大切であることを確認する。
  - ※ 「双方向のコミュニケーション」の学習が済んでいれば、その時の内容とからめて、今回の学習内容を整理する。

② シェアリング（感想文を書く、振り返り用紙への記入）。

参考文献
* 『ピア・サポートではじめる学校づくり　中学校編』滝充（2004）金子書房、p.133
* 『ピア・サポート実践マニュアル』T. コール（バーンズ亀山静子、矢部文訳、2002）川島書店、p.124

ワークシート

3-6-a　話を聞く態度

３つの違った聞き方で相手の話を聞いてみましょう

> **１．関心のない聞き方**
> 　例
> ・ 相手を見ない。下を見たり，関係のない方を見る。
> ・ 自分の持ち物や服をいじるなど，手遊びをしながら聞く。
> ・ スマホを見たり，本を読んだりしながら聞く。
> ・ 退屈そうな顔や眠そうな顔をする。
> ・ 相手からちょっとはすに身体を向ける。
> ・「ふぅ～ん」「それで」と，退屈そうな気のない合いの手を入れる。

> **２．上から目線で一方的な聞き方**
> 　例
> ・ 足をくんだり腕をくんだりして，身構えた姿勢をとる。
> ・ 話をディスカウントする。（たいしたことない，偶然）
> ・ 相手に対して，一方的で評価を下げるような意見を言う。
> 　（君が悪い，ドジだなぁ，どうしようもないなぁ）
> ・ 相手の話を途中でさえぎり，マイナスの評価を言う。
> ・ 相手のしていることは「ばかみたい」と態度で示し，実際に言う。

> **３．積極的な関心と肯定的な反応を表現する聞き方**
> 　例
> ・ 相手の顔を，穏やかに見ながら聞く。
> ・ 身を乗り出すようにして話を聞く。
> ・ リラックスして胸を開いた姿勢で（腕を組んだりせず）座る。
> ・ 話を理解していることを示すために，時々うなずく。
> ・ 相手の話に「へぇ～，すごい」などと興味があることを態度で示す。
> ・「それから……？」と次をうながす。

※「１．関心のない聞き方」，そして特に「２．上から目線で一方的な聞き方」の活動は，必ずしも実施する必要はないと考えています。むしろ，実施しない方がよいかもしれません。実施する場合は短時間で，生徒の傷つきがないように慎重な配慮が必要です。マイナスではなくプラスの活動（「３．肯定的な関心のある聞き方」）を実施して強化する方が教育的だと考えます。

※ この活動を実施する時は，あくまでロールプレイであることを強調して「私は○○です」として演じ，終了時には「○○は私に戻ります」というようなセレモニーを工夫することも，子ども達の心理的な傷つきを防ぐために，場合によっては必要かと思います。

※ この時間は，必ず肯定的な感じで終了できるように配慮をしてください。

資　　　料

3-6-b　FELOR

F. Facing

☆相手の顔や表情をしっかりと見る

　　相手がどんな感じを受けるか，まっすぐに向き合った方法や横向きに並んで座る方法など相手といろいろな角度で座って試してみる。

　※「きちんと向き合う」ことが相手に信頼感や安心感を与えることになる。

E. Eye-Contact

☆相手の目線を穏やかに見守る

　相手がどんな感じを受けるか，じっと見つめる，目をそらす，やさしくあるいは穏和に見つめることなどを試してみる。

　※「私はあなたのことがとても気にかかっています」というこころを目で伝える。

　※見つめすぎたり視線をそらすことは良くない。

L. Leaning, Listening

☆少し身を乗り出すようにして話を聞く

　相手がどんな感じを受けるか，のけぞったり，身を乗り出したりして試してみる。

　※これは，「相手の話を一生懸命（積極的に）聞いている」ことを示すことになる。

O. Open

☆胸を開いた（こころを開いた）姿勢をとる

　相手がどんな感じを受けるか，腕を組んだり，足を組んだりいろいろ試してみる。

　※このことは，相手をオープンに受け入れていることを相手に示すことになる。

R. Relax

☆リラックスした気持ちで聞く

　相手がどんな感じを受けるか，うつむいたり，硬い姿勢を示したり，いろいろと試してみる。

　※このことは「あなたのことを一緒に考えていこう」というこころであるということを相手に伝えることになる。

　※うつむくことは関心がないことを示したり，硬い姿勢は拒否を示したりすることになる。

3-7 相談を受けるスキル

目標

・相談を受けた時，傾聴の技法を用いた応答ができるようにする。

導入

① これまでの，より良いコミュニケーションについて学んだことを振り返り，具体的にその内容を再確認する。

② ウォーミング・アップを行う。

展開

① ペアになって，オウム返しを行う。（2分間×2）
　・話し手の言葉を聞き手はそのまま繰り返す。
　（テーマの例）私の趣味，好きな食べ物・スポーツ・音楽，私の夢・行きたいところ

② ペアで，相手の表情やジェスチャーから気持ちを汲み取る。交代して行う。
　（3-3 ノンバーバル・コミュニケーションを参考）

③ 単純な受容や繰り返しに留意しながら聞く。（2分間×2）
　・聞き手は「ほー」「なるほど」など，うなずきながら聞く。
　・聞き手は相手の発言内容（キーワード）を繰り返す。

④ 資料を使って5W1Hクエスチョンの特徴を理解する。
　・ペアで，互いにクローズド・クエスチョンで質問し答える。（3往復×2）
　・ペアで，互いにオープン・クエスチョンで質問し答える（2往復×2）
　・質問の仕方が変わるとどんな感じがするか，気づいたことを話し合う。

⑤ 感情の明確化に留意しながら聞く。（2分間×2）
　・聞き手は，相手に起きたこととその時の気持ちを言語表現し，明確にしていく。
　「……なことがあって，……な気持ちなんだね。」
　「……なことを……と考えたら……な気持ちなんだね。」
　・やってみて気づいたことや感想を話し合う。

⑥ 4人組になり，相談者，相談の聞き手，観察者（2人）を決め，ロールプレイを行う。（3分間×4）
　・4人で感想や気づいたことを話し合う。
　・順にローテーションして，全員が行う。
　　　※ ③⑤⑥のテーマの例：今までで一番楽しかった出来事・腹が立った出来事，自分の家族について，小さい頃の自分について，最近悩んでいること，困っていること

まとめ

① 全体で，今回の活動を行って感じたことや気づいたことを話し合う。
　・相談（面接）がうまくいくための原則を確認する。
　　FELOR，相づち，繰り返し，感情の明確化

② シェアリング（感想文を書く，振り返り用紙への記入）。

ワークシート

3-7-a　　相談のスキル

ロールプレイング評価表

観察者（　　　　　　　　　　　　　　　）

相談者役（　　　　　　　　　　　　）　相談の聞き手（　　　　　　　　　　　）

1．距離や向き　　　　　　よい　　　　まあよい　　　まあまあ　　少し気になる　　気になる

2．姿勢や態度　　　　　　よい　　　　まあよい　　　まあまあ　　少し気になる　　気になる
　（含 雰囲気）

3．表情や視線　　　　　　よい　　　　まあよい　　　まあまあ　　少し気になる　　気になる

4．話し方　　　　　　　　よい　　　　まあよい　　　まあまあ　　少し気になる　　気になる
　（含 声の大きさ，トーン）

5．話の引き出し　　　　　よい　　　　まあよい　　　まあまあ　　少し気になる　　気になる
　（含 質問の仕方）

6．相づち・うなずき　　　よい　　　　まあよい　　　まあまあ　　少し気になる　　気になる
　（含 受容）

7．内容の確認　　　　　　よい　　　　まあよい　　　まあまあ　　少し気になる　　気になる
　（含 繰り返し）

8．感情の確認　　　　　　よい　　　　まあよい　　　まあまあ　　少し気になる　　気になる
　（含 反射，明確化)

9．全体を通しての感想
　（相手を受容できていたか，肯定的に接していたか，聞き手に無理はなかったか）

資　　　料

3-7-b　　5W1Hクエスチョン

開かれた質問（オープン・クエスチョン）の利用

1．オープン・クエスチョン（開かれた質問）　5W1Hを使って

　「いつ」「どこで」「誰が」「何を」「なぜ」「どのように」の質問。さまざまな方向から考えてみることを促すもの。

　※　多くの情報を得たい時や情報を確認したい時に有効。

　※　相手に判断をゆだねているので，誤解が生じにくい。

2．クローズド・クエスチョン（閉ざされた質問）

　相手が「はい」か「いいえ」で答えなければならない，回答が限定される質問の仕方。

　会話が継続しにくく，途切れやすい。

　※　手短に情報を得たい時，情報を確認したい時に有効。

　※　無意識的に答えを誘導している時があるので，使い方に注意が必要。

5W1H	
when	いつ
where	どこで
who	誰が
what	何を
why	なぜ
how	どのように

※ why（なぜ）を使うのは要注意！
　why（なぜ）ではなくhow（どのように）で
　尋ねるように心がけます。why（なぜ）には，
　「なぜ，そんなことをしたの？」のように
　批判や叱責が含まれる時があります。
　「○○の時，どんな気持ちだったの？」とhow
　（どのように）で質問することでそれを防ぐ
　ことができます。

「はい」，「いいえ」で答えられる質問	「はい」，「いいえ」で答えられない質問 （5W1Hを使った質問）
・2時から花壇の世話をしますか？	・何時から花壇の世話をしますか？
・校庭の花壇の世話をしますか？	・どこの花壇の世話をしますか？
・○○君が花壇の当番ですか？	・誰が花壇の当番ですか？
・チューリップが好きですか？	・何の花が好きですか？
・チューリップの花がきれいだから好きですか？	・なぜチューリップの花が好きですか？
・チューリップがたくさん咲いていますか？	・どれくらいチューリップは咲いていますか？

資　　料

3-7-c　　話を聞く時のコツ

(1) 単純な受容

相づち，うなずき：「うん」「そう」「ふうん」「へぇ〜」

☆「うん」「そう」などと相づちを打って，うなずきながら聞くことで，相手は「自分の言うことを聞いてくれているな」「もっと話してもいいんだな」と感じ，安心して話し続けることができるようになります。

☆相手の話に興味があるという気持ちをこめることが大切です。

(2) 内容の繰り返し

相手の話の内容をそのまま繰り返します。

☆内容を繰り返すことで「理解してくれた」「受け入れられた」という感じになり，内容を整理したり，反省する機会になります。

☆なるべく，内容を整理して返すようにします。（実際の面接場面では，内容の整理の仕方が聞き手のセンスとなります）

(3) 感情の反射

相手の表わした感情をそのまま言い返します。

☆感情を反射することで，相手は自分の感情を確かめ整理できるようになります。

☆話の内容の理解だけでなく感情も理解できると，相談がより深く進むようになります。

☆相手がうまく感情を表現できない時は，その『感情を明確化』するようにします。

(4) 言い換え

相手の話の内容を，別の表現で相手に返すことです。

☆相手の話した内容に注目し，問題点を明確にするようにします。

「君の言ってることは……ということかなあ」
「君の言いたいことは……と理解してもいいかなあ」
「今の話は……ということだよね」

(5) 感情の明確化

相手が感情表現に適切なことばを見い出せない時，聞き手が相手の気持ちを汲み取って，聞き手のことばで返すことです。

☆悩んでいる時の感情は，もやもやしていてうまく表現できないことも多く，それを聞き手が，ことばにならない声の調子や表情などから読み取って，ことばで表現して相手に返してやるようにします。

☆そうすることで，相手は自分のもやもやした気持ちを整理し，真の課題に気づいていけるようになります。

例：「お母さんがいなくて，寂しかったんだね」
「誰を信じていいのか分からなくて，投げやりな気持ちだったのかなあ」

(6) 支持

相手の考えや行動を肯定的に見ようと心がけます。

☆相手を支持すると，情緒が安定し課題解決への意欲が高まってきます。

(7) 自己開示

聞き手がこころを開き，相手にありのままの気持ちを伝えることです。

☆相手の話を聞いていてどんな気持ちがしたか素直に伝えます。その時，相手を否定してしまわないよう表現に留意します。

☆「聞き手が過去の体験談や経験を語りアドバイスすること」ではありません。

例：「話を聞いていると，なぜかイライラしてくるんだけど」
「話を聞いていると，わくわくしてくるなあ」
「話を聞いていると，泣きたい気分になってきた」

第4章　自立するために

4-1　感情（怒り）を理解する
4-2　ストレス・怒りへの対処法
4-3　動けるこころをもとう・抱えて生きる
4-4　15年後の私（ライフデザイン）

第4章　自立するために

　第4章では，さまざまなことに出会った時に生じる激しい感情にどう対処するのか，ストレスにどう対処するのかなど，自己コントロールについての学習をまとめています。

　激しい感情におそわれた時に，それを外に対して行動化し周囲の人を傷つけたり，逆に自分自身を傷つけたりすることのないように，自分自身を律して適切な対処をすることが求められます。

　この章の学習は，第5章の「いじめ問題を解決する」の学習内容とつながるものが多いです。実施する時は，実情に応じて適当に組み合わせたり，再構成するとよいでしょう。

　また，自分の将来の姿を肯定的にイメージし自立した生き方をする意欲を高めること，その実現のために現在を自律的に生きることの大切さを学んで欲しいと思います。

　「怒りへの対処」や「ストレスへの対処」，「動けるこころ」は，ストレス・マネジメント教育の内容ですし，「動けるこころ」は認知行動療法の心理教育としても使えます。

　「15年後の私」はキャリア教育（進路指導）としても使うことができます。

4-1 感情（怒り）を理解する

目標
- さまざまなことに出会った時に生じる激しい感情（怒り，ストレス）についての理解と，その対処の仕方について考える。

導入
① 次のような質問をして，生徒に挙手で応えさせる。
　その質問内容と，挙手した人の人数を黒板に書く。
　　・学校生活での友達関係は大切だと思う……
　　・学校生活は，楽しいことだけではなく，イヤなこと，つらいこともある……
　　・友達や先生が言ったり，何かしたことでムカッとしたことがある……
② 多くの人が感じたことのある〈怒り〉について考えてみよう。

展開
① 「こころの温度計」を使って，自分自身が，どんな時に，どれくらいの感情（怒り，ストレス）に襲われるかを考えてみる。（4-1-a）
② その結果をグループで出し合う。
　　・同じような状況でも怒りを感じる強さには個人差があることを知る。
③ 自分自身の感情のレベルに応じた表現方法を振り返る。（4-1-b）
④ その結果をグループで出し合う。
⑤ 激しい感情（怒り）の意味と表現について学ぶ。
　　・「怒り」を，どう表現するかは個人差があることに気づく。
　　・言い換えれば，「怒り」を，どう表現するかは，その人が決めている。
　　　⇒ 「怒り」を上手に表現することを身につければ，自他が傷つかないで豊かな人間関係を築くことができる。
⑥ さまざまな感情を感じることのプラスとマイナスに気づく。（4-1-b）
⑦ 怒りのプロセスを学ぶ。（4-1-c）
⑧ 自分なりの適切な感情のコントロールや表現の仕方について考え，具体的な行動目標を設定する。（4-1-b）

まとめ
① 激しい感情（怒り）を抱くことを自然なこととしてとらえ，否定したり抑圧しようとするのでなく，そのコントロールや表現の仕方こそが大切あることを確認する。
② シェアリング（感想文を書く，振り返り用紙への記入）。

参考文献
* 本単元は，『ピア・サポート実践マニュアル』T. コール（バーンズ亀山静子，矢部文訳，2002）川島書店，p.81-87 をもとに作成しました。

ワークシート

4-1-a　こころの温度計

1．下の「こころの温度計」を使って，どんな時に，どんな気持ちになり，どのように行動しているかを振り返ってみましょう。あなたの今のこころの状態を，この「こころの温度計」で測ると何度でしょうか？

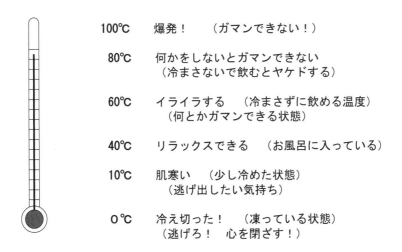

100℃　爆発！　（ガマンできない！）

80℃　何かをしないとガマンできない
　　　（冷まさないで飲むとヤケドする）

60℃　イライラする　（冷まさずに飲める温度）
　　　（何とかガマンできる状態）

40℃　リラックスできる　（お風呂に入っている）

10℃　肌寒い　（少し冷めた状態）
　　　（逃げ出したい気持ち）

0℃　冷え切った！　（凍っている状態）
　　　（逃げろ！　心を閉ざす！）

2．次のような時，あなたの感情（気持ち）は何℃になりますか？
　………　時，私のこころの温度は○○　℃です。
　誰かが自分の前に割り込んできた時，私の……　　　（　　　℃）
　誰かが私の本を勝手に読んでいた時，私の……　　　（　　　℃）
　誰かに後ろから押されて倒れた時，私の……　　　（　　　℃）
　誰かが私がころんだのを見て笑った時，私の……　　　（　　　℃）
　定期考査で半分以上の科目で欠点を取った時，私の……　　　（　　　℃）
　Aさんが私のスタイルについてのうわさをまきちらした時，私の……　　　（　　　℃）
　B君が私の性格についてのうわさをまきちらした時，私の……　　　（　　　℃）
　Cさんが私をからかった時，私の……　　　（　　　℃）
　親から生活態度についてきつく叱られた時，私の……　　　（　　　℃）
　服装違反で生徒指導部に呼ばれて指導を受けた時，私の……　　　（　　　℃）

3．あなた自身のイヤな感情のきっかけとなる「引き金」を，他にも書き出してみましょう。〔誰かが私のことを○○○した時，私のこころの温度計は○○　℃です。〕

　_____の時，　　　℃
　_____の時，　　　℃

☆　自分のなかに「こころの温度計」をもっていよう。
☆　時には「今の私のこころは何度くらいだろう……」と，自分を見つめてみよう。

ワークシート

4-1-b　感情のコントロール

1. あなたは，それぞれの温度（感情）の時，それをどのように表現していますか？　自分自身を振り返ってみましょう。

100℃ 爆発！	例：相手につかみかかっている，なぐっている
80℃ 怒っている	例：相手を責めている
60℃ イライラ	例：ブツブツ独り言を言っている，何かに八つ当たりしている
40℃ リラックス	例：友達と楽しくおしゃべりしている
10℃ イヤな感じ	例：何も話さなくなる
0℃ 逃げる	例：部屋に閉じこもって泣いている

2. さまざまな感情になることのプラス（利点）とマイナス（欠点）を考えましょう。

プラス	
マイナス	

※ 怒ることがあるのは当たり前。大切なことは「怒りを，どう表現するか」。

3. 感情を爆発させない（100℃まで上昇させない）方法を，自分なりに工夫してみましょう。
　例：おまじないのことばをつくる（「私は大丈夫」「ドラえもんは怒らない」など）
　　自分や周りの人を傷つけない（こころもからだも）で，感情をうまく爆発させる方法を工夫してみましょう。　例：その場を急いで離れて，バットでタイヤを叩く

資　料

4-1-c　怒りとはどのようなものか

怒りの感情を抱くことがあるのは当たり前のことです．ただ，その感情をどうするかが問題なのです．

怒りの火山

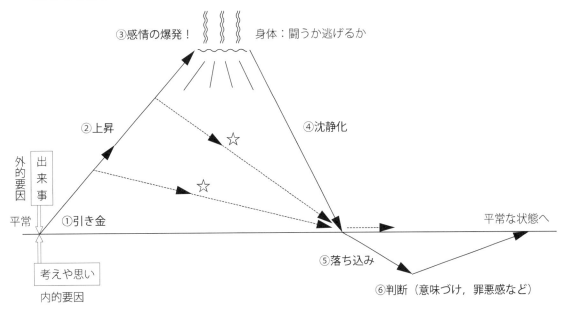

① 引き金
　あなたにとって，どんなことが怒りの感情の引き金になりますか？
　それは，あなたの外から来ますか？　それとも，あなたの心のなかから来ますか？

② 上昇
　引き金が引かれた後は，あなたはどうなるでしょう？
　急激に上昇しますか？　それともジリジリとくすぶりながら上昇しますか？
　身体は正直に感情に反応します．怒りの感情が起こると，呼吸数や脈拍が増え，身体に力が入り，目も開きます．声も大きくなります．

③ 感情の爆発
　とうとう，ガマンできなくなって感情を爆発させてしまいました．
　脳の理性を働かせる部分が機能しなくなるので判断力が低下します．
　身体も「闘うか，逃げるか」の反応で身構え，行動します．

④ 沈静化

　もし，あなたが危機的な状況に至ったことがあるとしたら，冷静になれるまでどのくらいかかりましたか？　何が起こったかを話せるようになるまで，どのくらいの時間がかかりましたか？この時間は，その人や，その時の状況などによって異なります。

⑤ 落ち込み

　感情爆発の後で「私って，なんてイヤなヤツなんだろう！」「もう二度とあんなことはしない！」と落ち込んだことはありませんか？

⑥ 判断

　怒りを爆発させて，それが静まってくると，私達の脳は，起こったことをどのように意味づけるかの処理を始め，そのことで罪悪感を感じたり，自分の行動に関してまずかったという認識をしたりします。

　※　あなたにとってガマンできないような「何か」が起こった時，そのことによる感情を爆発させるところまで上昇させるのでなく，途中で（☆のような道をたどって）『何かウマイ方法』で，その怒りの感情を沈める方法を工夫できませんか？

『何かウマイ方法』を考えるために
　○　自分の感情爆発のパターンを理解する。誰に対して，いつ，どんな時に，どのような形で起きやすいか，などを事前に整理し理解する。
　○　感情を爆発させないように，上昇の段階で沈静化させるための『おまじない』《キーワード》を準備しておく。
　○　周りの人に迷惑をかけないような感情爆発の方法をもっておく。うさばらし，気分転換の方法，攻撃の代用品などをもっておく。

☆　怒りをもつことは当たり前のこと？　もちろん！
・自分にとって，何かがおかしいということを知ることができる。
・自分自身の何かを守ったり，何かから逃げたりするのに役立つ。
・言うことを恐れていたことが言える。
・難しい課題に立ち向かうエネルギーを与えてくれる。

☆　怒りをもつことは困ったこと？　もちろん！
・怒ったままだったら，身体が緊張状態のままになってしまう。
・適切な判断がしにくくなり失敗しやすくなる。
・創造的な考えや行動ができにくくなる。
・新たな友達をつくる妨げになる。

4-2 ストレス・怒りへの対処法

目標
・さまざまなことに出会った時に生じる激しい感情（怒り，ストレス）についての理解と，その対処の仕方について考える。

導入
① 次のような質問をして，生徒に挙手で応えさせる。
　その質問内容と，挙手した人の人数を黒板に書く。
　・学校生活は，楽しいことだけではなく，イヤなこと，つらいこともある……
　・友達や先生が言ったり，何かしたことでムカッとしたことがある……
　・気が乗らなくて，考えたり動いたりするのがおっくうになったことがある……
② 多くの人が感じたことのある「ストレス」について考えてみよう。

展開
① ひとつのグループが6人程度の班をつくる。
② 「こころの温度計」を使って 自分自身が，どんな時に，どれくらいの感情（怒り，ストレス）に襲われるかを考えてみる。それを，グループ内で出し合う。
③ さまざまなストレス場面を思い出して，それぞれのストレス度と，その時にどんな行動をとっているかを振り返りながら，ワークシートに記入し整理する。
④ 資料を使って，さまざまなストレスへの対処法があることを学び，自分なりのそれぞれのストレス度に応じた対処法を考え，ワークシートに記入する。
⑤ それぞれが考えた対処法を，グループの中で出し合う。
⑥ グループのなかで出た内容や，この活動で感じたことを全体に発表する。

まとめ
① ストレスを感じることは普通のことであり，そのストレスの程度に応じた自分なりの対処法を身につけることが大切であることを伝える。また，時には適度なストレスが自分を成長させることも伝える。
② シェアリング（感想文を書く，振り返り用紙への記入）。

ひと言
　「1-4 体験を整理し理解する」のワークシートを使ってストレス場面を設定し，その対処法をいくつか検討するという活動もできます。
　また，呼吸法や漸進的筋弛緩法，動作法などの基本的な演習を取り入れると，子ども達も具体的に実感として理解しやすいと思います。

参考文献
*『子どもと若者のための認知行動療法ワークブック』P. スタラード（下山晴彦訳, 2006）金剛出版
*『子どもと若者のための認知行動療法ガイドブック』P. スタラード（下山晴彦訳, 2008）金剛出版
* All About ストレス基礎講座その1　http://allabout.co.jp/gm/gc/299170/2/

ワークシート

4-2-a　ストレス度とストレス対処法

1．次のような場面で，あなたのストレス度はどれくらいですか？　　　　　（0～100）

　　親から，生活の過ごし方について注意された時　　　　　　　　　　　（　　　）
　　不得意科目が理解できなくなって受験が不安になった時　　　　　　　（　　　）
　　入試会場で受験している自分の姿をイメージした時　　　　　　　　　（　　　）
　　授業中の内職を先生から注意された時　　　　　　　　　　　　　　　（　　　）
　　誰かが私がころんだのを見て笑った時　　　　　　　　　　　　　　　（　　　）
　　Aさんが私のスタイルについてのうわさをまきちらした時　　　　　　（　　　）
　　B君が私の性格についてのうわさをまきちらした時　　　　　　　　　（　　　）
　　Cさんが私をからかった時　　　　　　　　　　　　　　　　　　　　（　　　）
　　_____時　　　　　　　　　　（　　　）
　　_____時　　　　　　　　　　（　　　）
　　_____時　　　　　　　　　　（　　　）

2．ストレス度ごとに，その時の気持ちや行動を書き出してみましょう。その時，どう対処したらよいか考えてみましょう。

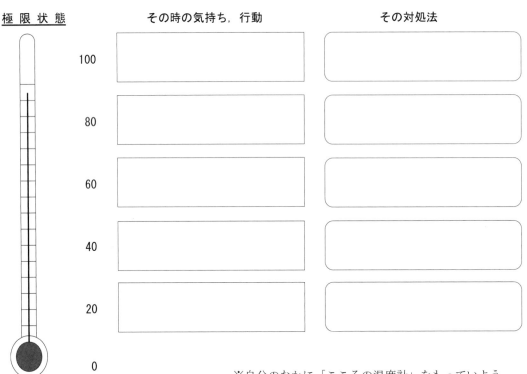

※自分のなかに「こころの温度計」をもっていよう。
　時には，「今の私のこころは何度くらいだろう……」
　と，自分を見つめてみよう。

	資　　　料

4-2-b　　ストレスへの対処法を考えよう

　生きている以上，ストレスがゼロということはありえませんし，適度なストレスは判断力や行動力を高めてくれます。時に，怒りを感じることも人間なら当たり前です。しかし，ストレスや怒りを感じた時，その程度に応じて，それを自分自身がどのように表現し行動しているかを知っておくことは大切なことです。また，それをどのようにコントロールし，どのように沈静化させるかを考えておくことも必要です。

　ストレスへの対処法はひとつでなく，個人によっても違います。自分に合った方法をいくつか見つけておくことが大切です。

ストレスへの対処法の例

１．「こころの温度計」をもつ
　　こころの温度計をもって，時々「今の自分は何度くらい？」と振り返ろう。

２．呼吸を整える
　　深呼吸すると身体の緊張がやわらぎ，気持ちが落ち着きます。

３．私だけの落ち着ける場所をイメージする
　　気持ちが落ち着くような特別な場所を想像してみよう。

４．楽しいこと・好きなことを考える，する
　　人は好きなことをしたり考えたりしている時，気持ちが安定して肯定的な考え方ができます。

５．「おまじない（のことば）」をもつ
　　気持ちを落ち着かせたいときに唱える自分なりのおまじないのことばを決めておきます。怒りなどの強い感情に襲われた時，おまじないを思い出して口のなかで唱えましょう。

６．その場を離れる
　　コントロールできないほど強い感情に襲われた時は，周りの人や物を攻撃してしまわないようにとりあえずその場から離れることもひとつの方法です。

７．気が乗らない，必ずしも必要でないものは断ることも大切
　　断ったほうがお互いのためということもあります。

８．時々，気分転換のための活動をする
　　とくに強いストレスを感じていなくても，時には気分転換のための活動をしましょう。

９．思考パターンを見直す
　　ストレスを感じやすい思い込みや思考パターンにはまっていませんか？　実際の出来事と自分の考えや気持ちを混同していないか整理してみましょう。

10．早寝・早起きで生活のリズムを守ろう
　　睡眠不足はイライラの原因になります。

11．朝食をとるようにしよう
　　朝食は１日の食事のなかでもっとも重要なエネルギー補給の時です。

12．疲れを感じたら，ゆっくり休もう
　　身体の疲れもストレスにつながります。無理をせずに身体を休めることも大切です。

4-3 動けるこころをもとう 抱えて生きる

目標
- どんなにつらいことや苦しいことがあっても，それは自分のなかの一部であり，すべてではないということに気づき，どんな状況下でも，自分を見失うことなく過ごせるような生き方や態度を育てる。

導入
① 次のような質問をして，生徒に挙手で応えさせる。（質問内容・挙手人数を板書）
  ・学校生活は，楽しいことだけではなく，イヤなこと，つらいこともある……
  ・これまでに，友達や先生とのことで，学校にいくのがイヤになるほどつらい思いをしたことがある……
② 誰もが体験している，このつらさや苦しみについて考えてみよう。

展開
① ワークシートを使って「1週間の生活」を思い出して記録する。その際，スケーリングを使って50点以上の楽しいことやよかったことについては赤で記入する。（4-3-a）
② 書き込んだワークシートを「赤の色メガネ（ダメダメ色メガネ）」を使って見る。
③ 楽しいことやよかったことが消えてしまった（気づかなかった）ら，毎日の生活が，いかに苦しくなるかを想像させる。
④ イヤなこと・つらいことがあっても，それ以外のことも，結構していることに気づかせる。
⑤ 資料の絵を見て，何が見えるかを聞く。（4-3-b）
  見方によって，絵がふたつの見え方をすることを確認する。
⑥ おばあさんが見える，女性が見えるというように，次々と見方を変えられる（こころが動ける）ことの大切さを指摘する。
⑦ ひとつの考えに捕らわれてしまうと，生きることがつらくなったり動けなくなってしまうことに気づかせる。どんなことがあっても，それは自分のなかの一部であり，すべてではないということに気づき，どこかに救いや解決策があることを力説する。（4-3-c）
⑧ つらさや苦しさを抱えながらも，「動けるこころ」でどこを見ていたら"何とか踏ん張れる"のか，そんな視点を自分のなかでもっていて欲しいことを強調する。
⑨ また，「本当に苦しい時，つらい時は助けを求める」ことも，生きていくためには，とても大切なことであり，その力を身につけて欲しいことを訴える。

まとめ
① どんなことがあっても，それに捕らわれてしまわないこと，援助を求めることの大切さを確認する。
② シェアリング（感想文を書く，振り返り用紙への記入）。

ワークシート

4-3-a　　1週間の生活を振り返ってみよう

この1週間，どんなことをしたのか振り返ってみましょう。
また，そのことが自分にとってどんな感じだったかを0〜100で表わしてみましょう。

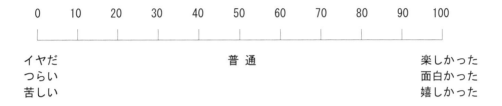

イヤだ　　　　　　　　　　　　　普通　　　　　　　　　　　　　楽しかった
つらい　　　　　　　　　　　　　　　　　　　　　　　　　　　　面白かった
苦しい　　　　　　　　　　　　　　　　　　　　　　　　　　　　嬉しかった

※ 点数が50点を超える活動は赤で記入してください。

月　　日（曜日）	活　動　内　容（点数）
月　　日（　）	
月　　日（　）	
月　　日（　）	
月　　日（　）	
月　　日（　）	
月　　日（　）	
月　　日（　）	

例：友達とおしゃべりした（70）　　掃除の時，A君からイヤミを言われた（20）

☆ イヤなこと・つらいことがあっても，それに捕らわれてしまわないで，自分の周りには，それ以外のものもいっぱいあることを考えられるようになろう！（動けるこころをもとう！）

資　料

4-3-b　動けるこころをもとう

　私達は，何かに出会った時に，それに捕らわれてしまうと自由な考えができなくなり，その結果，時には重大な失敗をしてしまうことがあります。

1．ひとつのことに捕らわれると，他のことが考えられなくなります。
　　下の絵は，それぞれ何に見えますか？

　これらの絵は，見方によってふたつのものが見えます。でも，その両方を同時に見ることはできません。試してみてください。

2．「イヤなこと」に捕らわれると，未来を考える力が弱くなります。
3．「イヤなこと」に捕らわれると，今だけを切り抜けようとしたくなります。

「イヤなこと」
からかわれる！　しつこく注意される！　できない！　など

「イヤなこと」に捕らわれてしまうと……
今だけを切り抜けようとする
学校に行かない！（逃げる）
相手を傷つける！（攻撃する）
未来を考える力が弱くなる
学校に行かなかったら，私の未来は……
相手を傷つけたら，私の未来は……

「イヤなこと」だけではないと考えると……
解決策を考えるようになる
心配してくれる友達に相談しよう！
気づいていない人に気づいてもらおう！
いろんな心を抱えながら生きていける
イヤなこと，苦しいこともあるけど，楽しいこと，うれしいこともある

　全員がからかったり無視しているのではない。気づかってくれる友達もいる。
　24時間，注意され続けてはいない。　優しく，心配してくれる時もある。
　☆　すべてのことは，私のなかの一部であって全部ではない！
　☆　助けを求める力を身につけよう！

資　　料

4-3-c　　抱えて生きる

　私達は，いつもいくつもの複雑なこころ（課題やテーマ）を抱えながら過ごしているのではないでしょうか。そのことについて考えてみたいと思います。

　「今の生活のすべてが楽しい」というひとつのこころで過ごせたら幸せなのかもしれませんが，実際はそう単純ではないと思います。私の生活のある部分は楽しい・まあまあだけど，別の部分ではつらい・おもしろくない，また他の部分では………と，さまざまなこころのありようを同時に抱えて私達は毎日を過ごしているのではないでしょうか。でも，一方で，「今の私のすべてが悲しい」となると生きるのがつらくなってしまうかもしれないので，複雑で多様なこころを同時に抱えているからこそ，何とか毎日を過ごせているのかもしれません。

家族は，皆，健康で仲がいい／家族のなかに病人がいる
家族のなかでトラブルが絶えない／学校は楽しい
友達とうまくいかない／先生がこわい
好きな人がいる，できた／好きな人と別れた
自分の顔が好きだ，満足している
自分の顔立ちやスタイルがイヤだ

☆　どんなにつらいことを抱えていても，それが私のすべてではないのです。
　私のなかのどこかで，どんなにつらいことや悲しいことがあっても，それを抱えながらも自分の生活を乱さない・こわさない，自身のこころを混乱させないで過ごせるようになりたいものです。
　□□の方を見ていたら辛く苦しいけれど，○○の方もあることに気づいたら何とか踏ん張れる，何とかやっていける。
　○○を見ていたら，つらく苦しいことを抱えながらも何とか前向きに生きられる。
　……それを見つける，考えられるようになりたいものです。

　家族のなかでトラブルがあり，学校へ行く気がしない。やる気が起きない。
　　　　　でも，ふんばって学校に行く。そこには気づかってくれる友達や先生がいる。
　A先生の顔も見たくない，授業受けるのもイヤ，勉強なんかしたくない。
　　　　　でも，ふんばって勉強する，課題を提出する。家族が心配してくれている。
　失恋して悲しくて，他のことなんて考えられない。
　　　　　でも，ふんばって課題をやり，今度の試験のための勉強をする。
　好きな人のことを想うと胸がいっぱいで，勉強なんかどうでもいい。
　　　　　でも，ガマンして課題をやり，今度の試験のための勉強をする。

☆　イヤなこと・つらいことがあっても，それに捕らわれてしまわないで，自分の周りには，それ以外のものもいっぱいあること，そして，それでもやらなければならないこともある，ということを考えられるようになろう！

4-4 15年後の私（ライフデザイン）

目標
・15年後の自分の姿をイメージすることによって，肯定的な人生観を育む。
・15年後の自分の姿から，今の自分の課題やこれからの進路について考える。

導入
① 次のような質問をして，挙手で応えさせる。
その質問内容と，挙手した人の人数を黒板に書く。
・自分は，将来どんな仕事についているのだろうと想像することがある……
・自分は，将来どんな人と結婚しているだろうと想像することがある……
・自分は，将来どんな暮らしをしているだろうと想像することがある……
② 今回は，自分の15年後の姿を思い描いてみましょう。

展開
① ワークシートに，これからの15年間で起こるであろう「大切な出来事」の時期を書き入れる。
② ワークシートにある質問項目と，これからの15年間の出来事を重ねながら「15年後の私」というテーマで作文する。
③ グループで，それぞれが「15年後の私のイメージ」を出し合う。
④ 自分がイメージした「15年後の私」になるためには，今とこれからの自分の課題は何かを具体的に考える。
⑤ グループで，それぞれが「自分の将来と課題」について語り，感想を出し合う。
⑥ 作文した用紙をグループのメンバーに渡して，互いに励ましのコメントを書く。指導者は，コメントが，その人への肯定的な応援メールとなる内容にすることを強調する。

まとめ
① 自分の将来の姿を肯定的に思い描いて欲しいこと，描けるようなこころをもっていて欲しい。そこから，生きるエネルギーをつくり出して欲しい。また，その姿を固定的なものとして縛られる必要はなく，その時々で姿が変わってもかまわない，要は，そんなイメージを持てるこころが大切であることを伝える。
② シェアリング（感想文を書く，振り返り用紙への記入）。

ひと言
否定的な思いに捕らわれて，将来のことを考えることができない，肯定的な人生をイメージしづらい子どももいるかもしれません。そんな時は，「実現できるかどうかでなく，ホラでも夢でもいいから書いてみようよ」というようなうながしも必要かもしれません。

ワークシート

4-4　15年後の私

　自分自身が，15年後にはどんな私になっているかイメージしてみてください。
　これからの15年間で，一般的には上級学校への進学・卒業や就職，結婚，子どもの誕生など自分自身の人生にとって大切な選択や決定をする可能性が高くなります。あなた自身の人生における，これらの重大な出来事を具体的にイメージしてみてください。

　　Q1　どんなところに住んでいますか？
　　Q2　家族構成はどうなっていますか？
　　Q3　どんな職業に就いていますか？
　　Q4　毎日，どのような生活を送っていますか？
　　Q5　休日は，どのように過ごしていますか？
　　Q6　どんな生活信条で暮らしていますか？
　　Q7　趣味や娯楽は何ですか？
　　Q8　あなたの人生で一番大切なこと，守りたいこと，やりたいことは何ですか？

　これらの質問項目を参考にしながら，もちろん，これ以外にもイメージを豊かにふくらませて，「15年後の私」を具体的な姿として想像してください。（人生の節目：入学，卒業，就職，転職，結婚，子どもの誕生など）

1．これからの15年間に，あなた自身に起こるであろう「大切な出来事」を，そうすると思われる年齢のところに書き入れてみてください。

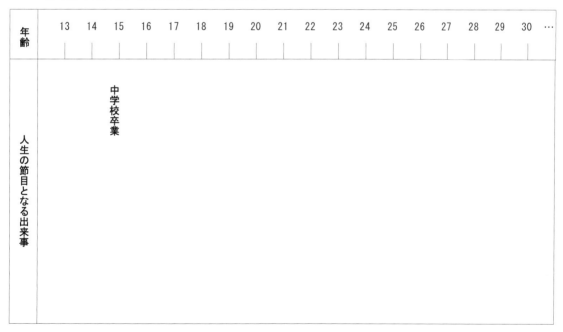

2．1を基に，それ以外にもイメージを豊かにふくらませて，「15年後の私」というテーマで作
　文してみましょう。

_____

_____

_____

_____

_____

_____

_____

_____

_____

〔　　　　　〕君（さん）からのひと言：_____

〔　　　　　〕君（さん）からのひと言：_____

3．この活動を通して，気づいたことや思ったこと，感じたことなどを自由に書いてください。

第5章　いじめ問題を解決する

5-1　対立を考える
　　　対立は人生を豊かにする
5-2　課題を解決する
5-3　援助を求める力をもとう
5-4　意思決定　部長会議
5-5　うわさの伝わり方
5-6　からかい・冗談・皮肉を考える

第5章　いじめ問題を解決する

　第5章では，毎日の生活のなかで生きづらくなった時，どのように切り抜けていく
かを学ぶための活動をまとめています。

　「ケンカはダメだよ」「みんなで仲良くしよう」「元気に積極的にがんばろう」だけで
なく，「どうしてもウマが合わない友達だっているよね」「友達と対立することあるよ
ね」「つらくて悲しくて生きているのが苦しくなることあるよね」としながら，『そん
な時，どう対応するかが大切なことだよ』『それでも生きることは絶対に大切なこと
だよ』とする教育活動も，具体的に必要とされる時代になってしまったように思いま
す。

　むしろ，人が自らの人生を生き抜いていくことを考えた時，「ウマが合わない人とど
う接していくか」「対立をどうとらえ対処していくか」「本当に苦しい時の援助の求め
方」などを学ぶことは，絶対に必要なことではないかと考えます。トラブルを抱える
ということは，そのトラブルとどのように向き合い乗り越えていくかを学ぶチャンス
であり，これからの人生で同じような困難に直面した時にどう切り抜けていくかにつ
ながるのだとするとらえ方も大切だと考えます。

　「意思決定　部長会議」はキャリア教育や人権教育としても使用できます。

5-1 対立を考える
対立は人生を豊かにする

目標
- "対立（友達とのいさかいやトラブル）"を「友達との対立」ではなく，「友達との意見の対立」としてとらえ，その対処法について考える。
- "対立"することは悪いことではなく，それは当然のことであり，その対処の仕方が大切なことを理解する。

導入
① 次のような質問をして生徒に挙手で応えさせ，質問内容と人数を黒板に書く。
- ・学校生活での友達関係は大切だと思う……
- ・学校生活は，楽しいことだけではなく，イヤなこと，つらいこともある……
- ・学校生活では，友達とケンカしたり口論したりすることもある……
- ・中学校では，好きな友達ばかりではなく，イヤな友達もいる……

② 多くの人が体験している〈対立〉について考えてみよう。

展開
① 学校生活のなかで，どんな対立やいさかいが生じるか，1人で考えてワークシートの1に記入する。
② 考えた対立の例をグループで出し合う。
③ グループで出された内容を，クラス全体で出し合う。そこで起きたことや気持ち，その結果などを書き出して整理する。
④ 資料を使って「対立とは何か」について学ぶ。ワークシートの3に記入する。
- ・（友だち）と対立している ⇒（意見，考え方）が対立している
- ・"対立"が起きるのは自然なこと，どう対処するかが大切
- ・"対立"は人の考え方を知り，対応の仕方を学ぶチャンス。
  人との対立だとの考えに捕らわれてしまうと……「いじめ」につながることも？
⑤ 資料を使って「対立」を解消するための方法を学ぶ。
⑥ 対立の例をひとつ取り上げて，その解決策をグループで話し合う。
⑦ グループで話し合った内容をクラスで発表する。（取り上げた例と，その解決策）

まとめ
① 全体で，感じたことや気づいたことを話し合う。
②「対立」を肯定的にとらえ，自己の成長の糧とすることを確認する。
③ シェアリング（感想文を書く，振り返り用紙への記入）。

ひと言
　この学習の前に「怒り」についての学びをしていると，より効果的です。
　校内（学級）の具体的な対立（トラブル，いさかい）の例を取り上げると，当事者の子ども達が責められているように感じたり，自己否定の感情に襲われたりすることもあります。そのような可能性がある時は，指導者の方から一般的な対立の例を示して，その解決策を考えるように配慮することも大切です。

5-1-a　対立を理解する

1. 学校生活のなかで，友達との間で，どのような対立やいさかいが生じますか。その例を考えてみてください。

> 例：テニス部の男子と女子がテニスコートの使用の仕方についてトラブルとなる。全部で3面あり，男女1面ずつ使うが，残り1面をどちらが使うかでもめる。男子生徒のほうが準備して部活動にはいる時間が早いのでいつも優先的にコートを使ってしまう。

2. 自分で考えた対立やいさかいの例を，グループのなかで出し合ってみましょう。

3. 「対立とは何か」考えてみましょう。

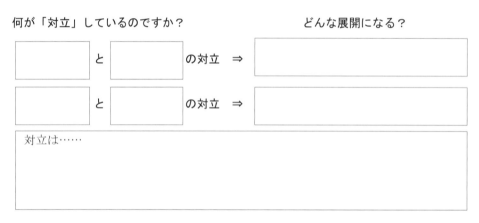

4. 対立の例を使って，解決策を考えてみましょう。

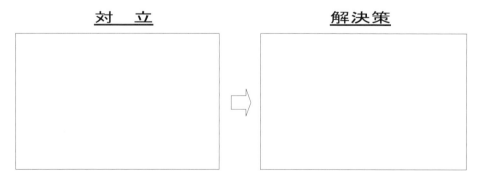

5-1-b　対立について考えてみよう

1. 「対立」が起きるのは自然なこと
   「対立」は起きてもいい。

2. 「対立」をどうするかが大切！

3. 「友達との対立」ではなく，友達との「意見の対立」であることに気づく
   ⇒意見を調整すればいい！

4. 対立は競争ではない
   ⇒ 勝ち負けではない！

5. 友達とは，対立していない方が楽しく，素直な気持ちでいられる

6. 対立は，他の人の考え方を知り，対応の仕方を学ぶチャンス

7. 「対立」を解消するための方法
   ① 相手の話を最後まで聞く。
     穏やかな話し方，聞き方をこころがける。　※ＦＥＬＯＲ（3-6-b参照）
   ② 対立の内容（課題）を，はっきりさせる。
     自分の意見を言う時は，『Ｉ（私は）メッセージ』と，その言い換えを使う。
     「私（僕）は，………と思う（感じる）んだけど」
     「〇〇君（さん）は………だと言うけど，私（僕）は………と思う（感じる）んだ」
     「〇〇君（さん）が………だと考えていることは，私（僕）は理解できるよ」
     「〇〇君（さん）が………な気持ちだということは，私（僕）は分かるよ」
   ③ 一緒に解決策を考える。「どうしたらいいと思う？」
     一方の人の主張が通り，他方の人がすべてをガマンするという結末はダメ！

8. 大切なのは，「今」と「これから」
   これまでの相手の非を責めるのでなく，うまくいくために「今」と「これから」何ができるかを互いに話し合う。

9. 約束を守る，違いを認める
   それぞれが異なる存在であることを認め合い，尊重しあうことが大切。

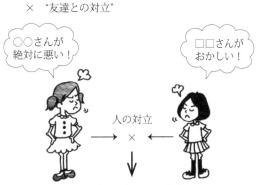

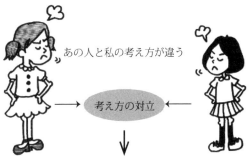

5-2 課題を解決する

目標
- 生活していくなかで，何か困難なことに出会ったり，より良くなるための目標ができたりした時に，その課題解決や課題達成のための具体的な方法を学ぶ。

導入
① 次のような質問をして，生徒に挙手で応えさせる。
   その質問内容と，挙手した人の人数を黒板に書く。
   ・学校生活では，学習や進路のことで悩むことがあると思う
   ・学校生活では，友人関係で悩むことがあると思う……
   ・目標をもって生活することは大切なことだと思う……
   ・目標をもっていても，具体的にどうしていいか分からないこともある……
② 困難なことを解決したり，目標を達成するための方法について考えてみよう。

展開
   グループ学習の形で行う。
① 資料を使って，課題解決のステップを確認する。
② 「○○（教科）が苦手，今度の試験では良い点数を取りたい」という課題を例にして，クラス全体でその解決策を出し合い，それぞれのプラス・マイナスを検討する。
③ 自分だったらどの解決策を選択するかを考え，その結果をグループのなかで出し合う。
④ グループで出た内容をクラスで発表する。
⑤ 「親しかった○○さんが，急によそよそしくなった気がする」という課題を例にして，グループのなかでその解決策を出し合い，それぞれのプラス・マイナスを検討する。

   ※ 課題の例は，看護師になりたい，ギターが欲しい，などの将来に向けてのものや，生徒それぞれの実際の課題をテーマとすることも考えられる。

⑥ 自分だったらどの解決策を選択するかを考え，具体的に計画を立てる。
⑦ その結果をグループのなかで出し合う。
⑧ グループで出た内容をクラスで発表する。

まとめ
① 全体で，感じたことや気づいたことを話し合う。
② 資料を使って課題解決のステップを再確認する。
③ シェアリング（感想文を書く，振り返り用紙への記入）。

ひと言
　この課題解決の方法は，学習や友人関係，何か獲得したいものがあるなど，ある程度課題がはっきりしている，その解決や達成のための意欲がそれなりにある場合に有効です。意欲がない，無気力，目標がないなどの場合に，この課題解決の方法を使おうとするのは困難が伴います。
　この課題解決の方法は，自分の考えを整理する方法としてだけでなく，悩んでいる友達と，その解決策を一緒に考える時の応答のステップとしても有効です。

資　料

5-2-a　課題解決演習シート

課題の確認（何が最も困っていることなのか）

ゴールの設定（どうしたいか，どうなったらよいか）

解決策の案（1）	解決策の案（2）	解決策の案（3）	解決策の案（4）
プラス	プラス	プラス	プラス
マイナス	マイナス	マイナス	マイナス

解決策の決定（どの案を選択するか，どのように組み合わせまとめるか）

解決策を実行するための計画（いつ，どのように）

資　　　料

5-2-b　　課題解決の方法

　　　ステップ１．課題の確認（何が最も困っていることなのかをしぼり込む）
　　　ステップ２．ゴールの設定（どうしたいか，どうなったらよいか）
　　　ステップ３．解決のためにどのような方法があるかできるだけ挙げてみる
　　　ステップ４．出てきた解決方法のプラス・マイナスを検討する
　　　ステップ５．具体的な行動計画を立て，実行に向かう

ステップ１．課題の確認（何が最も困っていることなのかをしぼり込む）
　　（1）　何が最も困っていることなのか，具体的に課題をはっきりさせる。
　　「何となく」「ぼんやりと」イヤだなぁ～と感じて，それ以上に考えることを止めていること
　　　もあるので，『このままの状態が続いたら将来，自分はどうなるか』をイメージして，課題
　　　をはっきりさせる。
　　（2）　具体的で行動に結びつく内容にしぼっていく。

ステップ２．どのようになればよいのか，どのようにしたいのか（解決のためのゴールを探す）
　　（1）　具体的にゴールをイメージしよう。

ステップ３．解決のためにどのような方法があるか，できるだけ挙げてみる
　　（1）　さまざまな角度から解決のための方法を，いくつも探してみる。
　　（2）　できそうなもの，応援してもらえそうなことや，応援してもらえそうな人も挙げる。
　　（3）　解決のための目標は，観察可能で，具体的な行動レベルのものにする。

ステップ４．出てきた解決方法のプラス・マイナスを検討する
　　（1）　それぞれの解決策を行った時，得られるであろう結果について考える。それぞれの解決
　　　策のプラスとマイナスを具体的に明確化し，検討を行う。
　　（2）　無理なできそうもないことは捨てる。
　　（3）　少しでも今より良い結果が出るような，できそうな内容にしぼり込む。

ステップ5-1．具体的な行動計画を立てる
　　（1）　どの解決策をとるか，どう組み合わせて解決策とするかを選択・決定し，行動に移す計
　　　画を立てる。
　　（2）　いつ，どこで，誰が，なにを，どのように，行うか具体的に計画する。
　　（3）　決定した解決策についてのプラス・マイナスや留意することについて再確認を行う。

ステップ5-2．計画した解決策を実行する

ステップ5-3．やってみてどうだったか（評価）
　　（1）　やってみた行動の結果を検討する。
　　（2）　うまくいったことは続ける。うまくいかなかったら，理由を検討し，また新しくステッ
　　　プ３から繰り返す。

5-2-c 課題解決演習シート（記入例：指導者用資料1）

課題の確認（何が最も困っていることなのか）

数学が分からない。

課題の明確化，具体化（ゴールの設定）

今度の試験では数学で良い点を取りたい。

解決策の案（1）	解決策の案（2）	解決策の案（3）	解決策の案（4）
自分で参考書や問題集を買い，がんばって勉強する。	先生に教えてもらう。	友達や先輩に教えてもらう。友達と一緒に勉強する。	塾に行く。
プラス：自分でできる。誰にも知られない。	プラス：教え上手。	プラス：気安い。	プラス：確実に教えてもらえる。
マイナス：本当にできるか不安。	マイナス：先生に頼まないといけない。時間がとれるか。	マイナス：分かりやすいか不安。友達にできないことが知られる。	マイナス：お金がかかる。

解決策の決定（どの案を選択するか，どのように組み合わせまとめるか）

友達に教えてもらう。数学が得意なA君に教えてくれるように頼む。
同じように数学の苦手な友達と一緒に学習会をもつ。
それでも分からない時は，友達と一緒に先生のところへ質問に行く。
先生に，自分にあった問題集や課題について相談する。

解決策を実行するための計画（いつ，どのように）

毎週水曜日の放課後，数学が分かるようになりたい友達と一緒に学習会をもつ。
（数学が得意なA君が，一緒に参加してくれる）

5-2-d　課題解決演習シート（記入例：指導者用資料2）

課題の確認（何が最も困っていることなのか）

これまで親しかったBさんが，急によそよそしくなった気がする。
一緒に帰ってくれない。話しかけても，きちんと応えてくれない気がする。

課題の明確化，具体化（ゴールの設定）

Bさんの気持ちが知りたい。Bさんと以前のように楽しくおしゃべりしたい。

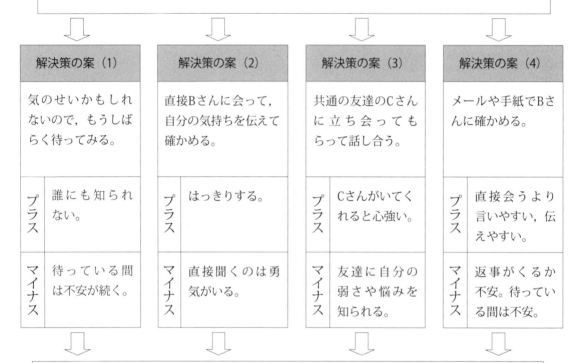

	解決策の案（1）	解決策の案（2）	解決策の案（3）	解決策の案（4）
	気のせいかもしれないので，もうしばらく待ってみる。	直接Bさんに会って，自分の気持ちを伝えて確かめる。	共通の友達のCさんに立ち会ってもらって話し合う。	メールや手紙でBさんに確かめる。
プラス	誰にも知られない。	はっきりする。	Cさんがいてくれると心強い。	直接会うより言いやすい，伝えやすい。
マイナス	待っている間は不安が続く。	直接聞くのは勇気がいる。	友達に自分の弱さや悩みを知られる。	返事がくるか不安。待っている間は不安。

解決策の決定（どの案を選択するか，どのように組み合わせまとめるか）

解決策を実行するための計画（いつ，どのように）

5-3 援助を求める力をもとう

目標
・とても困難なことを抱え込んだり，悩みや苦しみを抱いた時に，自分の周りにいる人に援助を求めることは大切なことであり，正当な行為であることに気づく。

導入
① 次のような質問をして，挙手で応えさせる。（質問と回答結果を板書する）
　・学校生活での友達関係は大切だと思う……
　・学校生活のなかで友人関係で悩むことがある……
　・自分の生き方や進路について悩むことがある……
　・何もかもがイヤになったことがある……
② 多くの人が，困難なことを抱え込んだり悩んだり，苦しんだりしたことがあると応えました。その対処法のひとつについて考えてみたい。
③ ウォーミング・アップを行う。
　例：肩もみ（相手の要望に，いかに合わせてもむことができるか）

展開
① ウォーミング・アップ（肩もみ）の感想を引き出す。
② 感情をジェスチャーだけで表現して，その感情を当てるゲームをする。
　・ジェスチャーで，何となく分かるものがある。はっきりとは，分からない。
　・肩もみでも，感情でも，結局は聞かないと具体的には分からない。
③ 相手を理解するには聞かないと分からない，話さないと相手は正確には分かってくれないことを確認する。
④ この活動の最初の質問で，多くの人が困難なことを抱え込んだり悩んだり，苦しんだりしたことがあると応えたが，それは特別なことではなく，誰にとっても当然のことだと確認する。
⑤ 自分自身が危険にさらされた時，悩んだり苦しんだりしている時に，それを周囲の人に訴え援助を求めることは大切なことであることに気づかせる。
⑥ 資料を用いて，援助を求めることのプラス，援助を求めないことのマイナスを整理する。（援助を求める行為は一方的なものではないことを強く訴える）
⑦ 援助を求めることの例を具体的に示し，ペアになって実際に演じてみる。また，代表者が皆の前で演じてみせ，その感想を出し合う。

まとめ
① 全体で，感じたことや気づいたことを話し合う。
②「動けるこころをもとう」の学習を済ませていれば，動けなくなる前に「援助を求める」ことの大切さを訴える。
③ 何があろうと生き抜くこと，自分を守ることの大切さを強く訴え，自分の周りに必ず気づかってくれている人がいることを絶対に忘れないように訴える。
④ シェアリング（感想文を書く，振り返り用紙への記入）。

ワークシート

5-3-a　援助を求めよう

　次の例を使って，援助を求める言い方や表現を考えてみましょう。また，ペアを組んでロールプレイ（役割演技）をしてみましょう。

１．数学がまったく分かりません。来週は定期試験があります。

> 友だちに援助を求めてみましょう。
>
>
>
> 先生に援助を求めてみましょう。
>
>

２．夕方，公園をひとりで歩いていたら，突然，見知らぬ人から「ねえ，一緒に遊ぼう」と腕をつかまれた。

> 　

３．A君から毎日からかわれて，つらい思いをしています。

> 友だちに援助を求めてみましょう。
>
>
>
> 先生に援助を求めてみましょう。
>
>

４．ラインの仲間から，毎日，何度も攻撃的なメッセージが送られてきます。

> あなたにとって適切だと思える人を想定し，その人に援助を求めてみましょう。
>
>

５．恋人が，私の携帯の通信記録をのぞいたり，毎日，何度も何をしてるか確認する電話がかかってきます。

> 　

６．「何をしても楽しくない…」とうつうつしてる間に，いつの間にかリストカットをしていた。

>

資　　料

5-3-b　　援助（サポート）を求める力をもとう

1．困難や悩み，苦しみをもつのは当然なこと

　人は誰でも，うまくできなくて困ったり，どうしていいか分からなくて苦しんだり，つらい思いをしたりすることがあります。それは，恥ずかしいことではなく，当然のことなのです。

2．援助（サポート）を求めることは大切なこと

　何か困ったことや，苦しいこと，つらいことなどが生じた時，自分の周りにいる人に援助（サポート）を求めることができるということは，とても大切なことです。

3．援助（サポート）を求めることは恥ずかしいことではない

　援助（サポート）を求めることは恥ずかしいことではありません。援助（サポート）を求めないで，「できないことを，そのままにしておく」「苦しさに捕らわれて動けなくなってしまう」ことの方が問題なのです。

4．援助（サポート）を求めることで，成長が促進される

　援助（サポート）を求めることは，「自分を分かってもらえる」「他の人の考え方や智恵を学ぶ」チャンスなのです。新たな，そして豊かな人間関係を築くチャンスです。

5．援助（サポート）を求めないと，不安や苦しみ，つらさなどが膨らむ

　困ったことや苦しいことがあるのに，援助（サポート）を求めないでいると，そのことが段々と大きなものとなったり，そのことに捕らわれて今までできていたこともできなくなってしまうことがあります。課題が大きくなってしまわないうちに援助（サポート）を求めるようにしましょう。

6．援助（サポート）を求めた相手も成長する

　援助（サポート）を求めて成長するのは，あなただけではありません。相談を受けた相手も，他者を理解し，その課題解決のための方法を考えることで，新しい生き方のヒントを得ることができるのです。また，他者を思いやるこころを育むことになるのです。

　例えば，

- ・不審者を前にして「助けて！」と，大声を出して救援を求めることができる。
- ・いじめやからかいに対して「やめて！」と主張できる。
- ・いじめられたり，からかわれたりしていることを，周囲の人に訴えられる。
- ・「勉強が分からないから教えて」と言える。
- ・「○○ができないから，仕方を教えて」と言える。
- ・「生きてることがつらい！　苦しい！　助けて！」と言え，相談できる。
- ・「何をしても楽しくない……，何もしたくない……」と言え，相談できる。

5-4 意思決定 部長会議

目標
- 人を評価する時，さまざまな評価の観点があり，同じことでも評価の観点が変われば，その意味が変わることに気づく。
- 自分の学校生活を振り返り，課題を考える機会とする。

導入
① 次のような質問をして，挙手で応えさせる。（質問と回答結果を板書する）
- 学ぶことは大切だと思う……　・学校の成績だけで人を評価するのはおかしいと思う……　・周りの人に自分の個性を認めてもらえるのはうれしい……
② 今回は，"人を評価する"ということについて考えてみたい。

展開
① 1グループが6人程度のグループに分ける。
② 指導者の指示：
「あなた達のグループをひとつの会社とします。あなた達は，その会社の重役（部長）です。あなた達の会社の採用試験に10名の応募がありました。しかし，採用枠は6名です。社長は出張で会社にいません。社長からの連絡で，会社の発展のために有能な人材6名を『部長会議』で採用内定として決定し，報告して欲しいとのことです。志望者の主な特徴は資料『志望者一覧』にまとめてあります。この資料をもとに，会社にとって必要な人材の採用内定を『部長会議』を開いて決定してください」
③ まず，資料「志望者一覧」をもとに，1人で，自分が採用しようと考える人物を6名選ぶ。グループ内で，自分が採用しようとした人物を発表する。
④ 『部長会議』を始める。
- グループ全員で，納得するまで話し合って6名の採用内定者を決定する。採用内定の決定が強引なものになったり，妥協したものにならないようにする。
- 採用内定を決定した理由を社長に報告するために，それぞれの採用内定の決め手になった条件（項目）を整理する。
⑤ 結果発表。それぞれのグループ（会社）が採用内定者を発表する。

まとめ
① この活動で感じたこと，採用を決める会社側の立場になった気持ち，会社の視点から採用予定者（自分達）を見るというような体験をした気持ちを話し合う。
② これからの，「自分自身の学校生活の過ごし方」について考える。
③ シェアリング（感想文を書く，振り返り用紙への記入）。

ひと言
ワークを始める時に，業種（製造・販売など）や職種（営業，事務など）をグループで設定する活動を入れると，それによって採用基準が変わることに気づきます。ただ，その場合は活動の時間が長くなります。子ども達の状況や実施時間に応じて，業種や職種の設定も検討させるか，指導者が提示する・しないを判断してください。

参考文献
*『エンカウンターで進路指導が変わる』片野智治他編（2001）図書文化社

ワークシート

5-4-a　　部長会議

活動の流れ
（1）まず，ひとりで自分が採用しようと考える人物を６名選ぶ。
（2）グループで話し合って（部長会議を開いて），６名の採用内定者を決める。
　　・グループのなかで，全員が自分の考えを出して話し合うこと。
　　・採用を内定した理由を整理する。
（3）グループで話し合った結果を全体に発表する。

志望者一覧

A	成績：８０点（１／10人）　　　出席状況：欠席５，遅刻３，早退５ 資格や特技：特になし，成績は特に優秀。家が遠く通勤が不便。 面接結果：まじめでおとなしそう。面接後に印象が残らない。
B	成績：　７０点（２／10人）　　　出席状況：欠席６，遅刻２，早退２ 資格や特技：商業関係の資格１級（４種目），部活動なし。 面接結果：イメージが暗い。話す時視線が合わない。
C	成績：６０点（３／10人）　　　出席状況：欠席０，遅刻０，早退０ 資格や特技：バスケットボール部，皆勤賞。 面接結果：元気で明るい，でも調子に乗りすぎるかも？　軽い？　服装が雑。
D	成績：６０点（３／10人）　　　出席状況：欠席30，遅刻10，早退８ 資格や特技：美術部（県大会出品）。 面接結果：まじめで几帳面。声が小さい。気が弱い？　美術センスは抜群。
E	成績：５５点（５／10人）　　　出席状況：欠席４，遅刻０，早退３ 資格や特技：生徒会長，母子家庭（両親離婚）。 面接結果：生徒会運営の苦しみや学んだことを話す。話し方がうまい。誠実？
F	成績：５０点（６／10人）　　　出席状況：欠席０，遅刻10，早退７ 資格や特技：漢字検定２級，野球部（少年野球から８年間続けている）。 面接結果：元気がある。よく話すが，話し方が雑。行動派？
G	成績：５０点（６／10人）　　　出席状況：欠席10，遅刻０，早退４ 資格や特技：ボランティア活動，英語検定準２級。 面接結果：ボランティア活動の話。明るい。多くの人との交流を体験している。 　　　　　　入社しても続けたい。そのため休日出勤はできないこともある。
H	成績：４９点（８／10人）　　　出席状況：欠席１，遅刻２，早退０ 資格や特技：ブラスバンド部（部長），茶道・生け花の特技，書道２段。 面接結果：ブラスバンドの話。明るく礼儀正しい。話の仕方もうまい。 　　　　　　社会人オーケストラでの練習のため，週に２回は残業できない。
I	成績：４８点（９／10人）　　　出席状況：欠席２，遅刻３，早退３ 資格や特技：社会人サッカークラブに所属，漢字検定２級，書道初段。 面接結果：誰にでも好かれる雰囲気がある。ウィットもある。素直。
J	成績：４８点（９／10人）　　　出席状況：欠席０，遅刻０，早退０ 資格や特技：サッカー部（副キャプテン，県大会出場），皆勤賞。 面接結果：会社のことをよく調べていた。元気。意欲旺盛。積極的。

ワークシート

5-4-b　　部長会議（続き）

1．あなたが，採用したいと考えた人物を６人選んでください。

人物 （A〜J）	採　用　理　由

2．今から『部長会議』を開いて，会社としての採用内定者を６人決定してください。また，それぞれの採用内定の決め手になった条件（項目）を整理して「理由」の欄に記入してください。

会社名　　　　　　　　　　　　　　（グループ名　　　　　　　　　　）

人物 （A〜J）	採　用　理　由

ワークシート

5-4-c　　部長会議（続き）

振り返り

1．あなたは，グループのなかで，自分の考えをはっきりと言えましたか。

　　① よくできた　　② できた　　③ あまりできなかった　　④ できなかった

2．あなたは，みんなの考えをしっかり聞けましたか。

　　① よくできた　　② できた　　③ あまりできなかった　　④ できなかった

3．みんなは，あなたの考えをきちんと聞いてくれましたか。

　　① よく聞いてくれた　　　　② 聞いてくれた

　　③ あまり聞いてくれなかった　　④ 聞いてくれなかった

4．お互いの考えを認めあいながら，話し合いをすすめることができましたか。

　　① よくできた　　② できた　　③ あまりできなかった　　④ できなかった

5．採用のために人を評価している時，あなたはどんな気持ちでしたか。あなた自身のこころの
　　なかで，何か感じたことや気づいたことがありますか。

6．あなた自身を見つめ直してみた時，社会のなかでうまく生きていくために，これからの学校
　　生活での，あなた自身の課題は何だと思いますか。具体的に書いてください。

7．本来，企業の採用には関係のない（不必要な）ものが志望者一覧資料のなかに記入されてい
　　ましたが，気づきましたか。それは何ですか。

8．この演習で気づいたこと，思ったこと，感じたことなどを自由に書いてください。

5-5 うわさの伝わり方

目標
- 仲間の間で話が伝わっていく過程で生じやすい障害に気づき，その障害が起きないようにするために留意することを具体的に考える。

導入
① 次のような質問をして，挙手で応えさせる。（質問と回答結果を板書する）
  ・学校生活で友達とのおしゃべりは楽しい……
  ・友達や先生のうわさ話をするのは楽しい……
  ・うわさ話でイヤな思いをしたことがある……
② 今回は，話の伝わり方について，具体的に考えてみたい。

展開
① 1グループ6人から8人程度のグループをつくる。伝言ゲームを行うことを告げて，ウォーミング・アップを兼ねてジャンケンや簡単なゲームで伝言の順番を決める。
② このゲームは，ことばを正しく伝える必要はなく，内容を正確に伝えるゲームであることを確認する。
③ 指導者は最初の人に「噂の内容」を伝える。（「噂の内容を記したカード」を渡して内容を理解させる。カードの内容を確認したら，そのカードは回収する。）
  ※ 噂の内容を，簡単なロールプレイで演じて示すと，より効果的。
④ 話を聞いた／ロールプレイを見た生徒は，次の友達に，その話の内容を伝える。
⑤ 同様にして，2番目の生徒は3番目の生徒に，3番目の生徒は4番目の生徒へと，順に話を伝えていく。
⑥ 指導者は，最初に示した"話／ロールプレイ"をあらためて示して，その内容を確認する。
⑦ グループで，順に話が伝えられていく過程を振り返り，具体的にどこで話のゆがみが生じたのかを確認する。
⑧ 話がゆがんだのはなぜなのかについてグループで話し合う。
⑨ グループで，話が伝えられていく過程で偏見や誤解が生じないようにするためには，どんなことに気をつけることが大切かを話し合う。
⑩ グループで話し合った内容を，クラス全体に発表する。

まとめ
① 指導者は，グループの発表内容を整理しながら，話を伝える時の留意点をまとめる。悪意がなくても偏見や誤解が生じることもあることを伝える。
② シェアリング（感想文を書く，振り返り用紙への記入）。

資 料

5-5 うわさの伝わり方

うわさ（伝言）の例

◎昨日，うちの学校の２年生の男子が，本屋で，マンガの本をもって店員さんと店の奥に入っていくのを見たよ。そして，しばらくしたら，今度は警察の人が店に来て，店員さんと何か話していたよ。

◎昨日の放課後，○○さんと□□さんが，何か話していたみたいだけど，途中から，○○さんが泣き出して，走って行っちゃった。それで，□□さんは，他の友達と帰ったんだ。今日，○○さんは学校に来てないんだよ。

◎帰りの会の後，○○君は生徒指導の先生に呼ばれたんだ。さっき職員室に行ったら，生徒指導の先生が難しそうな顔で腕組みをして，○○君は，その前で涙を流していたみたいだったよ。

◎□□君が△△君をビックリさせようと後ろから押したら，そのはずみで△△君が近くにいた○○君を突き飛ばしたようになり，○○君が怒って△△君とケンカになっちゃった。それで，□□君が，あいだに入って一所懸命，仲直りをさせようとしたけどうまくいかなかった。

◎□□君と△△さんは，仲が良くていつも一緒にいたんだけど，昨日，△△さんが欠席したんだ。そしたら，□□君は，△△さんの仲良しの○○さんと２人で，遅くまで教室に残っていてそのまま一緒に帰って行ったよ。

◎□□さんは，欠席が多いし，昨日も学校を休んでたよね。でも，昨日の放課後，スーパーに行ったら，□□さんが，おばさんと一緒に楽しそうに買い物しているのを見かけたよ。

まとめ（話し合い，シェアリング）

（１）グループで，話が伝えられていく過程で，偏見や誤解が生じないようにするためには，どんなことに気をつけることが大切かを話し合う。

・聞き間違えて，それを伝えた人がいたかもしれない。

・話を面白くしようとして冗談をつけ加えた人がいるかもしれない。

・「正しい」とか「間違っている」などの価値判断を話の内容につけ加えてしまった人がいたかもしれない。

・聞いた話の内容を別のことばで表現しようとして，新しい意味をつけ加えたり，異なった内容になってしまったりしたかもしれない。

・話を個人的なことに置き換えてしまった人がいるかもしれない。

（２）話のゆがみはゲームとしては面白く，おかしいことが多いけれども，人間関係に及ぼす影響は面白いではすまされないし，注意しなければならない。

※ 「うわさ話」の内容は，100～150語程度で，あまり複雑でなく，参加者の興味を引いて活動を活発化させられるようなものにする。話の内容と，参加者達が結びつきやすいほど，話のゆがみが生じやすい。

5-6 からかい・冗談・皮肉を考える

目標
- 仲間内での"からかい"や"冗談"そして"皮肉"などが，そのまま『いじめ』になったり，いじめに発展する可能性があることに気づき，常に相手の存在を尊重したコミュニケーションを心がけるようにする。

導入

事前に，次ページのアンケートを実施する。
① 次のような質問をして，挙手で応えさせる。（質問と回答結果を板書する）
- 学校生活で友達とのおしゃべりは楽しい……
- 友達や後輩をからかうのは面白い……
- 友達や先輩，先生からからかわれてイヤな思いをしたことがある……
② 今回は，"からかい"や"冗談"そして"皮肉"などの持つ意味について，具体的に考えてみたい。

展開

① 実施したアンケートの結果を示す。
- 生徒達の今の感じ，クラスの雰囲気
- からかわれたり，からかったりしたと回答した子どもの割合
② 『いじめ』とは，具体的にはどんなことだと考えるかを生徒に質問する。
③ 資料を使って『いじめ』の定義を確認する。
「いじめようと思っていじめる」ことより，「結果としていじめになっていた」ことの方が多いこと。自分としては「いじめの認識はなく」，でも他から見れば「いじめである」ことが多いことに気づかせる。
④ 時代の変化に応じて判断基準が変わることがあるので，そのことを学んでおくことも大切なことに気づかせる。
⑤ 違いを認め，肯定的に受け入れることの大切さを訴える。ディスカウントしたり攻撃するような表現をしないことを強調する。
⑥ 違いを認め，肯定的に受け入れるためのひとつの方法としてリフレーミングがあることを示し，リフレーミングの演習を行う。
⑦ どのようにリフレーミングしたかを生徒に確認する。
⑧ テクニックやことばの遊びとしてのリフレーミングではなくて，表現を変えることにより気持ちを切り替えるためのリフレーミングであり，そのような柔軟なこころをもつことの大切さを強調する。

まとめ

① 指導者は，リフレーミングができるこころの柔軟さをもつことの大切さ，そして，他者をディスカウントや攻撃するような言動をしないことを強調する。
② シェアリング（感想文を書く，振り返り用紙への記入）。

| ワークシート |

5-6-a　からかい・冗談・皮肉を考える

次の質問に答えてください。

1．今のあなたのこころの状態は，どんな感じですか？

2．今のあなたにとって学級の雰囲気（居心地）は，どんな感じですか？

3．あなたは，この学校に入学してから，友達に対して「ウザイ」とか「おかしくない？」「めざわり」などと相手を非難したり責めたりするようなことを言ったり，「ジュースをおごって」などと何かを要求したり，ふざけて叩いたり蹴ったりしたことがありますか。

　　　　　　　　　　　　　　　　　　　　　　　　　　　　ある　　　　　　ない

4．あなたは，この学校に入学してから，質問3のようなことを，同じ人に対して1週間のなかで2回（2日）以上したことがありますか。

　　　　　　　　　　　　　　　　　　　　　　　　　　　　ある　　　　　　ない

5．あなたは，この学校に入学してから，同じ人や同じグループから，逆に質問3のようなことをされたことがありますか。

　　　　　　　　　　　　　　　　　　　　　　　　　　　　ある　　　　　　ない

6．あなたは，この学校に入学してから，同じ人や同じグループから，1週間のなかで2回（2日）以上，質問3のようなことをされたことがありますか。

　　　　　　　　　　　　　　　　　　　　　　　　　　　　ある　　　　　　ない

7．あなたは，この学校に入学してから，同じ人や同じグループの人が，ある人に対して同じような言い方や雰囲気で2回以上，質問3のようなことをしているのを見たことがありますか。

　　　　　　　　　　　　　　　　　　　　　　　　　　　　ある　　　　　　ない

ワークシート

5-6-b　リフレーミングしてみよう

リフレーミングすると？

肯定的に表現する		こと（事実）		否定的に表現する
	←	いっぱい話す	→	
	←	いつも動いている	→	
	←	口数が少ない，静か	→	
	←	たくさん本を読む	→	
	←	野球に熱中している	→	
	←	規則やマナーを守る	→	
	←	いつも勉強している	→	
	←	いつも遊んでいる	→	
	←	動きがゆっくり	→	
	←	動きが速い	→	
	←	身長が高い	→	
	←	身長が低い	→	
	←	体重が重い	→	
	←	体重が軽い	→	
	←	授業中によく発言する	→	
	←	自分の意見を主張する	→	
	←	誰とでも仲良くする	→	
	←	人に負けるのが嫌い	→	
	←	たえず冗談を言う	→	
	←	奇抜な服装が好き	→	
	←	地味な服が好き	→	
	←	人を信じやすい	→	
	←	人を疑いやすい	→	

　ある事柄に対して，それを肯定的にとらえるか否定的にみるかは，その人によって決まります。逆にいえば，私の"特徴"を肯定的に評価してくれる人もいれば否定的・攻撃的にみてしまう人もいるかもしれないということにもなります。否定的で攻撃的な言動は，自分自身をもいらだたせ不安定にします。肯定的で受容的な言動は，自分自身を穏やかで積極的な生き方にしていきます。私の人生を肯定的に生き抜いていきたいものです。

資　料

5-6-c　いじめとは

1．「いじめ」の定義

> 子どもが（人が，友達が）一定の人間関係のある者から，
> 心理的・物理的攻撃を受けたことにより，
> 精神的苦痛を感じているもの
> 　　　　　　　　　　　　　　　文部科学省（平成19年1月）

※1「一定の人間関係のある者」とは，遊び仲間とか同じ学級や部活動の仲間というような関係だけでなく，ほとんど話はしないけど同じ学校やクラスの友達という人も含まれる。話したことはなくても同じ学校の特別支援教室に通う友達も，幼稚園は一緒だったけど学校は別々になった友達も「一定の人間関係のある者」となる。

※2「攻撃」とは，相手に向かってのはたらきかけのこと。

※3「心理的攻撃」とは，からかう，勝手なうわさを流す，「ウザイ！」「キタナイ！」などのことばを言う，無視するなど，友達を軽んじたり，否定したりするような言い方や行為（メールや掲示板への書き込みも含めて）をすること。

※4「物理的攻撃」とは，叩く・蹴る，物を投げる・隠す，金を盗る，服を脱がそうとする，イヤなことをさせる，など相手に直接的にはたらきかける行為をすること。

※5「精神的苦痛を感じている」とは「相手がイヤだ，不快だと感じている」ということ。苦痛の程度は，その人自身にしか分からない。

　　《相手や周囲がどう感じているか》で決まる！〈自分がどう思ってしたか〉ではない！

　いかがでしょうか。
　このように考えてみると，ほとんどの人が，いじめたことがあったり，いじめられたことがあったりしていることになるのではないでしょうか。
　自分は冗談のつもりでも，相手によっては苦痛と受け取っているかもしれません。昨日までは冗談として通じていたことが，相手のこころの状態が変わっていたために，今日は苦痛を与えるものになっているかもしれません。その時は，程度の差はあったとしても，それは"いじめ"なのです。

2．いい仲間でいるために
（1）互いの「違い」を『個性』として認めよう。
　勉強をガンバル人もいれば，部活動をガンバル人もいる。
　運動が好きな人もいれば，本を読むのが好きな人もいる，など

（2）仲間の特質を肯定的に評価しよう。
　仲間の特質をディスカウント（価値を下げる）するような表現をしない。
　まじめを「ブリッ子」，口数が少ないを「ネクラ」「インケン」など
（3）仲間を受容する，仲間に共感するようなことばを使おう。
　攻撃的なことばを使わない。
　　「むかつく！」「めざわり！」「ウザイ！」「叩くぞ！」「ぶっ殺す！」など
　※　特に，（2）（3）のことばを，相手と同じ室内や同じ空間内では絶対に言わない。

第6章　メール・SNS のマナー

6-1　メールによるコミュニケーション
　　　（ことば編）
6-2　メールによるコミュニケーション
　　　（やり取り編）
6-3　メールのマナー
6-4　SNS のマナー

第6章　メール・SNSのマナー

▌Ⅰ　SNSとは

　SNSとは，ソーシャル・ネットワーキング・サービスの略で，人と人とのつながり
や交流を楽しむネットワークをインターネット上でつくる会員制のサービスのことで
す。

　Facebook（フェイスブック）やTwitter（ツイッター），LINE（ライン）やmixi（ミ
クシィ），YouTube（ユーチューブ），Instagram（インスタグラム）などを総称してい
うことばです。SNSのことばでしっくりこないときは，自分なりにラインやツイッタ
ーと読みかえたり，実施するときは言い換えたりするとイメージしやすいのではない
かと思います。

▌Ⅱ　インターネット上のコミュニケーション

　第6章では，今の子ども達のコミュニケーションを考える時，大きなテーマとなっ
ているインターネット上のコミュニケーションの特徴や，それを利用する上でのマナ
ーについての学習を提案しています。

　インターネットを使った情報の発信は，他人への誹謗中傷，詐欺など，またいじめ
のひとつの形態としても問題になっています。

　これらの加害者になってはいけないのですが，最初から悪意のもとにやるというよ
り，SNSや掲示板などを利用している流れのなかで，いつの間にか仲間を攻撃したり
排斥しようとしたりする構造に陥ってしまう子ども達が多いのではないでしょうか。

　ここで提案している活動を通して，子ども達に下記のようなことを実感を伴って考
えて欲しいと思っています。また，指導する際は，そうなるような課題の提示の仕方，
学習のまとめ方となるようにしてください。

（1）メールで伝えるのと，直接会って話すことの違いはどんなことか？
（2）直接話すよりメールの方が気が楽だ，簡単だとか言われるのはなぜか？
（3）メールを送る時に，注意しなければならないことはどんなことか？
（4）イヤなメールが来た時には，どうすればいいか？

　インターネット上のコミュニケーションの特徴や利用する上でのマナーを学習しよ
うとすると，どうしてもその危険性や留意することなどを示すために，マイナスの演
習（活動）になってしまいがちです。子ども達がこの学習を通して傷つくことのない
ように最大限の配慮をすべきだと考えます。

　できれば，演習の最後は，「6-4-c　友だちに応援メールを送ろう」のような活動を

第6章
メール・SNS のマナー

取り入れて，メールの利点も確認して肯定的な形で学習を締めくくることが大切だと考えます。「6-4-c　友だちに応援メールを送ろう」の活動の進め方は，「6-4　SNS のマナー（p.135）」の「ひと言」の欄に記載しています。

　活動で使った資料のうち，否定的な資料やワークシートは学習の最後に回収して破棄されることを勧めます。「今日の学習は，インターネットを利用する時，何が大切かを確認するためのものですから，好ましくないワークシートや資料は回収して破棄します。君達も，この演習で少しでもイヤな感じが残っていたら，ワークシートや資料と一緒にその気持ちを捨ててください。そして，マナーを守ってお互いにプラスとなるような，元気になるようなインターネットの使い方をしてください」。

　そして，生徒の手元にはインターネットを利用する際の留意事項や肯定的な資料だけが残るようにします。

6-1 メールによるコミュニケーション（ことば編）

目標

・メールや掲示板を使ったコミュニケーションの特徴を学び，そのマナーについて理解する。
・メールは基本的には「書きことば」であり，その特徴を確認する。

導入

① 次のような質問をして，挙手で応えさせる。
その質問内容と，挙手した人の人数を黒板に書く。
・パソコンやスマホでメールや掲示板を利用したことがある……
・メールで友達と連絡を取り合うのは楽しい……
・掲示板に自分のことが書かれていたら〜と想像したことがある……
② メールや掲示板を利用している人も多いと思うが，今回は，その特徴について考えてみたい。

展開

① 1グループ6人程度のグループをつくる。
（状況に応じて，ウォーミング・アップの意味で簡単なゲームを行う。）
② 各自が，誰かにメールを送ることをイメージしながら，資料の例文と"顔文字"を参考にして，さらに感嘆符なども自由につけ加えて，なるべく意外な意味になるようなメール文を作成し，ワークシートの"メール文"の欄に記入する。
③ それぞれが書いた"メール文"を，グループのなかで隣の人に渡す。
④ "メール文"を受け取った人は，それを読んで感想を記入する。あるいは，返信を書く。
⑤ 続けて隣の人に渡す。同じように，それをグループ全員にまわるように続ける。
⑥ 一周して，自分のメール（ワークシート）が戻ってきたら，自分がメールで送ろうとした意味を記入する。
⑦ メールの意味が，送った人と受け取った人で同じだったか，違っていたかをグループで確認する。
⑧ メールによるコミュニケーションの特徴を，直接に向き合って話す場合と比較しながら，グループで話し合う。
⑨ グループで話し合った内容を，クラス全体に発表する。

まとめ

① 指導者は，グループの発表内容を整理しながら，メールの特徴と利用する際のマナーについて留意点をまとめる。
② シェアリング（感想文を書く，振り返り用紙への記入）。

125

> **ワークシート**

6-1-a　メールによるコミュニケーション（ことば編）

1．次ページの資料の例文からひとつ選び，「顔文字」をつけてメールで送信してください。なるべく，意外な意味になるようにしてみましょう。

　　例：今日，先生に呼び出されて怒られちゃった。（ˆ0ˆ）/
　意味：怒られちゃったけど，先生が，あんなに自分のことを気づかってくれているなんて知らなかった。怒られたけど，うれしい！　感激！

メール文

上のメールを受け取って，どう感じましたか？（どんな意味に受け取りましたか？）

〔　　　　　　　　〕
〔　　　　　　　　〕
〔　　　　　　　　〕
〔　　　　　　　　〕
〔　　　　　　　　〕

メールを送った人は，どんな意味で送信していたのですか？

2．メールの意味が，送った人と受け取った人で同じでしたか？　違っていましたか？　確認してみましょう。

3．メールによるコミュニケーションの特徴を，直接に向き合って話す場合と比較して考えてみてください。グループで，話し合って整理してください。

6-1-b　メールによるコミュニケーション（ことば編）

なるべく意外な意味になるように例文と顔文字を組み合わせてみましょう。

例文：

(1) 明日のクラス会で，運動会の出場選手決めがあるんだ
(2) 今度の日曜日は部活動の試合（コンクール）があるんだ
(3) 明日，学校休むことにしたよ
(4) 明日，学校に行くから
(5) 今日の調理実習でケーキをつくったぞ
(6) 昨日，どうして学校休んだの
(7) 明日の昼頃，台風が直撃するらしいよ
(8) 明日，会えるかなぁ
(9) 今日の昼休み，彼女（彼氏）に会っていたんだ
(10) 今度の休みに，家族でディズニーランドに行くんだ
(11) 昨日から，お母さんが入院してるんだ
(12) 明日の面接，よろしくお願いします
(13) 進学するって言ってたけど，就職することにしました
(14) 今日の給食のメニューは，魚のフライだった
(15) 明日の地理の授業はグループ学習でA君（さん）と一緒になる
(16) 明日，親戚のオジサンが僕（私）に話があるって，家に来ることになってる

※ 文末の表現「。」「！」「？」「！！」「！？」「……」なども含めて考えてください。

顔文字：

o(^-^)o	(^0^)/	＼^o^／	(´～`;)	(>_<)
(*_*)	＜(__)＞	f^_^;	(ノ><)ノ	-.-;)
(+_+)	(-_-)	(v_v)	(T_T)	(ー_ーメ)
(@_@)	(?_?)	(;_;)	(0_0)	o(><)o
(^^ゞ	(☆_☆)	(´Д`)	(ー_ー#)	(¨;)

(┬┬_┬┬)	o(^-^o)(o^-^)o	(ノ°0°)ノ
(°o°)＼(-_-)	(UoU)。。。	(^ ^)＼(°°)

| 6-2 | メールによるコミュニケーション（やり取り編） |

目標
- ネット上でのコミュニケーションの特徴を学び，そのマナーについて理解する。
- メールは，相手の状況がよく分からない状態での一方通行の限定的なものであるということを確認する。

導入
① 次のような質問をして，挙手で応えさせる。
その質問内容と，挙手した人の人数を黒板に書く。
- 友達から，意味がよく分からないメールを受け取ったことがある……
- 勉強中に，友達からメールが来たことがある……
- 親と話している時に，友達からメールが来たことがある……
② 今回は，メールによるコミュニケーションの特徴について考えてみたい。

展開
① 6人程度のグループをつくる。
② グループ内で，さらにペアになって，それぞれワークシートのAまたはBに記入する。
③ ワークシートの点線で切り取って，上の「今日の生活」の部分を相手に渡す。
④ 自分が送信した「別の学校の友達に送ったメール」（ワークシートの下半分）と，相手から受け取った「今日の生活」の内容から，相手がどんな時に自分がメールを送っていたかを確認する。
⑤ その感想をペアで出し合う。
⑥ グループ内で，他のペアも交えて，どんなことが起きていたかを出し合う。
⑦ グループ内で，メールの特徴や送信する時に配慮することなどについて話し合い，感想を出し合う。

まとめ
① 友達にメールを送ろうと思っても，「相手は今，どんな状況だろう」とちょっと思ってみることも大切なのではないか。はっきりと状況が分かるわけではないが，そんな気持ちをもつことがマナーとして大事なのではないか。
② シェアリング（感想文を書く，振り返り用紙への記入）。

ひと言
　この学習を単発で実施される時は，「6-4-d　SNSコミュニケーションの特徴とマナー」（p.139）を使ってまとめることもできます。
　また，メールはマナーを守って使えば，役に立つものであることを確認するために「6-4-c　友達に応援メールを送ろう」の活動を続けて実施されると，子ども達の学習に対する肯定感が増すと思います。

128

| | | ワークシート | | |

6-2-a　　メールによるコミュニケーション（やり取り編）

A

1．今日の生活を構成しよう

昨日は学校の文化祭で登校したので，今日はその振り替えで学校は休みです。今日の１日は，次のようなことがありました。

　　　　① のんびり起床しました。　　② 宿題をしました。　　③ 本を読みました。

　　　　④ ショッピングセンターに行きました。　　⑤ ゲームをしました。

　　　　⑥ 進路のことで親と口論になり，その後，しばらく部屋にこもりました。

　上記の内容と，他に食事や入浴・就寝などをつけ加え，さらに自分なりに何かを追加してもかまいません。また，順序が変わってもかまいません。今日，１日を空白の時間がないように構成してみてください。

4		12		20	
5		13		21	
6		14		22	
7		15		23	
8		16		24	
9		17		1	
10		18		2	
11		19		3	
12		20		4	

2．別の学校に通う友達にメールを送ろう

　今日の生活のなかで，あなたは，思いついて別の学校に通っている友達にメールを送りました。その内容と時間を想像して書いてみてください。

時　　　分頃	
時　　　分頃	
時　　　分頃	
時　　　分頃	
時　　　分頃	

```
ワークシート
```

6-2-b　メールによるコミュニケーション（やり取り編）

B

1．今日の生活を構成しよう

　　今日は平日なので通常の授業があります。学校はスマホの所持は認めています。今日の1日は，次のようなことがありました。

　　　　① 授業を受けました。　　② 部活動に参加しました。　　③ 塾に行きました。

　　　　④ コンビニの駐車場で友達とおしゃべりをしました。　　⑤ 本を読みました。

　　　　⑥ きょうだいゲンカをしました。　　⑦ 両親と進路のことを話し合いました。

　　上記の内容と，他に食事や入浴・就寝などをつけ加え，更に自分なりに何かを追加してもかまいません。また，順序が変わってもかまいません。今日，1日を空白の時間がないように構成してみてください。

4	12	20
5	13	21
6	14	22
7	15	23
8	16	24
9	17	1
10	18	2
11	19	3
12	20	4

2．別の学校に通う友達にメールを送ろう

　　今日の生活のなかで，あなたは，思いついて別の学校に通っている友達にメールを送りました。その内容と時間を想像して書いてみてください。

時　　　分頃	
時　　　分頃	
時　　　分頃	
時　　　分頃	
時　　　分頃	

ワークシート

6-2-c　メールによるコミュニケーション（やり取り編）

１．プリントの上半分「１．今日の生活を構成しよう」を切り取って，相手の人に渡してください。

２．相手から，プリントの上半分「１．今日の生活を構成しよう」を受け取ったら，自分が送ったメールの時間に相手は何をしていたかを確認してください。

３．メールの内容は，相手の状況に応じたものになっていましたか？
　何かタイミングが良くないものがあったり，何か課題が見えたら，それらを書き出してみましょう。また，その内容をグループで出し合いましょう。

４．メールを受け取った時の自分の気持ちと，メールを送ってきた人の気持ちが大きくずれていると感じた時，あなたはどうしますか。また，グループで話し合ってみましょう。

５．メールを送る時や，その内容に留意すべきことはどんなことがあるでしょうか？　グループで話し合ってみましょう。

6-3 メールのマナー

目標

・メールや掲示板，ツイッターなどを使ったコミュニケーションの特徴を学び，その
マナーについて理解する。

導入

① 次のような質問をして，挙手で応えさせる。（質問内容，挙手人数を板書）
・パソコンやスマホでメールや掲示板を利用したことがある……
・メールで友達と連絡を取り合うのは楽しい……
・掲示板に自分のことが書かれていたら〜と想像したことがある……
② 今回は，ネット上での書き込みのマナーについて考えてみたい。

展開

① 6人程度のグループをつくる。（状況に応じてウォーミング・アップ）
② ワークシートを配布し，点線2に沿って折り曲げる。
③ 指導者は黒板に「迷惑メール文」を示し，それをワークシートに書き入れさせる。
枠内への書き入れが済んだら，その右上の〔決定〕，〔送信〕を○で囲む。
④ 「これで，メールが送信できました」「それでは，点線1に沿って内側に折り曲げ
てください」「次に，点線2で折り曲げていた所を開いてください」「これで，あな
たは，誰からか自分あてのイヤなメールを受信したことになります。あるいは，勝
手なことを掲示板に書かれてしまったことになります」
⑤ このようなメールを受信してどんな気持ちになるかを確認し，考えさせる。また，
このようなメールを送る人は，どういう気持ちで送るのだろうかとも考えさせる。
⑥ 「このメールに返信するとしたら，どんなメールを送りますか?」返信するとしたら
どのように返信するかを考え，そして，その結果はどうなると思うかを考えさせる。
⑦ この活動を通して，気づいたことや感じたことをグループで話し合う。
⑧ グループで話し合った内容を，クラス全体に発表する。

まとめ

① 指導者は，グループの発表内容を整理しながら，メールの特徴と利用する際のマ
ナーについて留意点をまとめる。
② 指導者は，活動で使用したワークシートを回収し破棄する。「今回の活動で不快な
感じが残っている人は，その感じをこのワークシートとともに捨ててください。た
だ，話し合った内容（メールの特徴やマナー）についてはしっかりと理解してくだ
さい」
③ シェアリング（感想文を書く，振り返り用紙への記入）。

ひと言

子どもに提示するメールや掲示板への書き込み文の内容は，クラスの状況や実情に応じて
慎重に決めてください。基本的には，あまり過激でなく少し不快感を感じるくらいが適当だ
と思います。また，不快なメールを書いたり，その返信を考えることに抵抗を示す子どもに
ついては，あまり強要しないでその気持ちを大事にして欲しいと思います。

ワークシート

6-3-a　　メールのマナー

------------ （点線1） --------------

1．点線2 （----------）にそって，内側に折り曲げてください。

2．指導者の指示に従って，□□□のなかにメールや掲示板への書き込みをしてください。

3．メールが書けたら右の 決定 ， 送信 を○で囲んでください。　　| 決定 |　| 送信 |

4．点線1 （－・－・－・－）にそって，内側に折り曲げてください。
　　次に，点線2で折り曲げていた所を開いてください。

```
┌────────────────────────────────┐
│ ┌────────────────────────────┐ │
│ │                            │ │
│ │                            │ │
│ └────────────────────────────┘ │
└────────────────────────────────┘
```

　　メールを受信しました。（掲示板を見ました。）

5．受信したメールを読んで，あるいは掲示板を見て，どんな気持ちになりますか？
　　これを送信した人は，からかっているのでしょうか？　それとも本気なのでしょうか？

```
┌────────────────────────────────┐
│                                │
│                                │
│                                │
└────────────────────────────────┘
```

6．メールを返信するとしたら，どんなメールを送りますか？

```
┌────────────────────────────────┐
│                                │
│                                │
│                                │
└────────────────────────────────┘
```

7．この活動を通じて，気づいたことや感じたことをグループで話し合ってください。
　　（1）メールで伝えるのと，直接会って話すことの違いはどんなことでしょうか？

------------ （点線2） --------------

　　（2）直接話すよりメールの方が気が楽だ，簡単だとか言われるのはなぜでしょうか？
　　（3）メールを送る時に，注意しなければならないことはどんなことでしょうか？

```
┌────────────────────────────────┐
│                                │
│                                │
│                                │
└────────────────────────────────┘
```

　※ この活動は，あくまでもメールについてのマナーを確認するためのものです。メールの内容は忘れて
　　ください。（この用紙とともに破棄しましょう！）

資料

6-3-b　迷惑メール，こころを傷つけるメール

迷惑メールの例

　Eメールや「掲示板」に書き込まれたメールから，迷惑なもの，イヤな気持ちになるもの，人のこころを傷つけるようなものを拾ってみました。
　「メール」では，どうして人はこんなにも残酷になれるのでしょうか。考えてみましょう。

1．Eメール

事実	→	ディスカウント （相手の価値をさげる）	＋	攻撃
まじめ 一所懸命 よく勉強する 成績がいい 読書家 先生とよく話す 冗談が多い 口数が少ない 世話好き 身長が高い 身長が低い 体重が重い 髪がくせ毛 転校してきた	→	面白くない 自分勝手 点取り虫 頭でっかち 人づきあいが悪い ごますり うるさい クライ おせっかい ノッポ チビ デブ 髪が赤い，ちぢれ毛 ことばがおかしい 　　　　　　　　など	なので ので	・めざわり！！ ・めだちすぎ！！ ・いい気になるな！！ ・辛気臭い！！ ・ブリッ子！！ ・ムカツク！！ ・バカみたい！！ ・うるさい！！ ・ウザイ！！ ・キモイ！！ ・話しかけるな！！ ・学校来るな！！ 　　　　　　など

2．「掲示板」に書き込まれたメール（誰でも見ることができるということ）

・□□学校□年□組の○○さんは，チョーかわいい！！
・□□学校□□部の○○さんは，とてもカッコイイ（ハンサム，キレイ）！！
・□□学校□年の○○さんは，話しかけると必ず相手してくれるよ！
・□□学校□年の○○は，とてもキモイ（ぶりっこ，ネクラ，……）！
・□□学校□年の○○は，ワケ分からんヤツだから，みんな相手にしないでおこう！
・□□学校□年の○○と□年の○○は，つきあってるぜ！　ラブラブ！？
・□□学校□年の○○は，夜，△△でバイトしてるぜ！！

6-4　SNS のマナー

目標
- ネット上でのコミュニケーションの特徴を学び，そのマナーについて理解する。
- ソーシャル・ネットワーキング・サービス（SNS）の特徴を理解し，陥りやすい事例を通して留意すべきことを確認する。

導入
① 次のような質問をして，挙手で応えさせる。
　その質問内容と，挙手した人の人数を黒板に書く。
　・メールで友達と連絡を取り合うのは楽しい……
　・友達から，不愉快なメールを受け取ったことがある……
　・掲示板や SNS で，自分のことが話題になっていたら〜と想像したことがある……
② 今回は，SNS で陥りやすい事例を通して留意すべきことを考えてみたい。

展開
① 6 人程度のグループをつくる。
② まず，個人でワークシートの「演習 1」「演習 2」を指示にしたがって記入する。
③ 演習 1 のようなネットワークがあると，どんなことが起こる可能性があるかをグループ内で話し合う。その後，その内容をクラス全体で発表する。
④ 演習 2 のようなネットワークがあると，どんなことが起こる可能性があるかをグループ内で話し合う。その後，その内容をクラス全体に発表する。
⑤ SNS を利用する時，どんな事に気をつけなければならないかを考える。また，その内容をグループ内で共有する。
⑥ グループ内で出た内容をクラス全体に出して，SNS を利用する時に留意すべきことをまとめる。

まとめ
① 演習のような事例は，最初からそうするというより，流れのなかでいつの間にか仲間を阻害する，いじめの構造に陥っていた，問題が表面化して初めて事の重大性に気づいた，そんなケースが多いようです。メールや SNS は便利なツールです。その特徴に常に留意し，マナーを守って使うことが大切です。
② シェアリング（感想文を書く，振り返り用紙への記入）。

ひと言
　続けて「友達に応援メールを送ろう」のワークをすると，子ども達の学習に対する肯定感が増すと思います。
　「友達に応援メールを送ろう」の進め方
① 6 人程度のグループをつくる。
② 名前欄に自分の名前を記入する。
③ グループ内で全員がシートを右隣の人に渡す。シートを受け取ったら，メッセージ欄にその人への応援メッセージを記入し，サインする。自分のシートが手元に戻ってくるまで，③を繰り返す。
④ 戻ってきたシートを読み，感想を出し合う。

ワークシート

6-4-a　メールによるコミュニケーション

演習1．

① A1〜A7までの人を順に，赤線で結んで輪をつくってください。

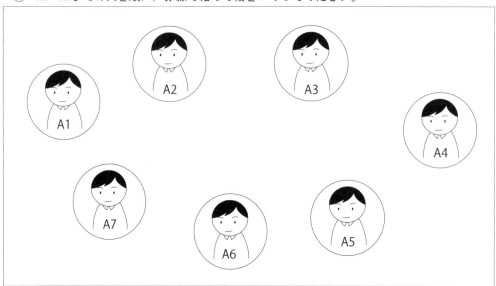

② 次に，A1－A2－A3－A5－A6－A7と黒線で結んで輪をつくってください。

演習2．

① A1〜A5，B1〜B5までの人を順に，それぞれ赤線で結んでふたつの輪をつくってください。

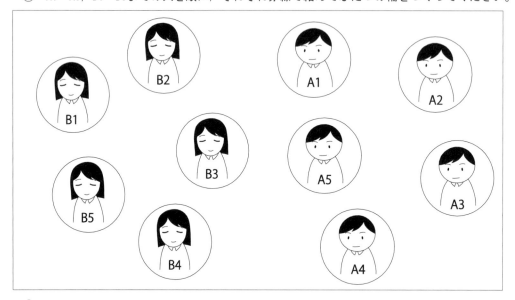

② 次に，A4－A5－B3－B4と黒線で結んで輪をつくってください。

ワークシート

6-4-b　メールによるコミュニケーション（続き）

SNSを利用する時のマナーについて考えてみましょう

演習1と演習2で，図の人達は，同じクラス（同じ部活動）のメンバーです。
赤線や黒線は，その人達がつくったネットワークです。
赤線のネットワークでは，主に宿題や練習時間の連絡や確認によく使われます。
黒線のネットワークでは，面白く，おかしい，人のうわさ話が多く出ます。

1．演習1のようなふたつのネットワークがあると，どんなことが起こるでしょうか。

（1）具体的にどんなことが起きるかを，まず自分で考えてみましょう。

（2）次に，グループで話し合ってみましょう。

2．演習2のような3つのネットワークがあると，どんなことが起こるでしょうか。

（1）具体的にどんなことが起きるかを，まず自分で考えてみましょう。

（2）次に，グループで話し合ってみましょう。

3．SNSを利用する時，どんなことに気をつけなければならないと思いますか。

ワークシート

6-4-c　　友達に応援メールを送ろう

　元気になるような，あたたかい気持ちになれるような，友達への応援メッセージ（メール）を
つくって送りましょう。

　応援メッセージ（メール）をつくるヒント

　1．その人が，がんばっていることを認める。

　2．その人が実行した「いいこと」（ボランティア活動・援助など）を表現する。

　3．その人の趣味や特技を肯定的に表現する。

　4．その人の将来の志望や夢と現在のがんばりを結びつけて肯定的に表現する。

　5．その人の性格傾向や雰囲気を肯定的に表現する。

　6．その他，その人の特徴やイメージを肯定的に表現する。

名前

メッセージ欄：友達に応援メッセージ（メール）を送りましょう

	サイン
	サイン
	サイン
	サイン
	サイン
	サイン

みんなから，応援のメッセージ（メール）を受け取った今の気持ちはどんな感じですか

資　料

6-4-d　SNSコミュニケーションの特徴とマナー

特　徴

1. **文字や絵文字などによるコミュニケーションで，声や表情は直には伝わらない**
 (1) 表情や声の調子など，ナマの感情（気持ち）を伝えることが難しい。
 (2) 気持ちも「書きことば」で表現するしかない。絵文字は，直接的な表現にはならない。（絵文字はつくられたもの）
 (3) 「書きことば」は，書き直しや書き加えができる。計算して作文をすることができる。本音と違うこと，言いにくいことも書ける。やさしいことばも，残酷なことばも書ける。

2. **一方通行のコミュニケーションとなる**
 同時的な双方向のコミュニケーションではない。
 相手の気持ちや状況が分からないままにメールを送る。

3. **時間差が生じる**
 書いた（送信した）時刻と，相手が読む時刻とが違う。

4. **時間を超えて残る**
 受け取った人は，後からもう一度，読み返すと別の感じとり方をすることもある。
 送った人も，その時の気持ちで送っていて，今は別の感じ方をしているかも……

※「書きことば」のコミュニケーションは，その瞬間のホンネが伝わり（伝え）にくい。
　互いのこころのズレが生じやすい。

マナーと防衛

1. **掲示板やチャットなどのSNSに参加する時は，その運営方針や利用ルールを守る**
2. **ウソを書いたり，憶測や想像したことを事実であるかのように書かない**
 勝手なうわさを流さない。
3. **人を傷つけるような表現をしない**
 乱暴なことば，汚いことば，人をののしるようなことばを使わない。人の悪口を書いたり，イヤがらせをしたりしない。
 ※ 直接，向き合って言いにくい，しにくいことはネット上でも絶対にしない！
4. **個人情報（自分や家族，友達の住所や電話番号，学校名，個人名）を書き込まない**
 聞かれても答えない。写真を載せない。友達についての評価（悪口，性格，容姿，賞賛など）を書かない。自分の個人情報が誰かによって掲示板などに書き込まれていたら，すぐに適当な人に相談する。
5. **パスワードは絶対に人に教えない（仲の良い友達であっても）**
6. **不愉快なメールが来たら返事をしないで無視し，適当な人に相談する**
 掲示板やチャットであれば，そこは開かないようにする。
7. **知り合いからのメールでイヤな気分になったら，メールで返答しないで，直接会って真意を確かめたり，誰かに立ち会ってもらって話し合うようにする**
8. **掲示板やサイトで知り合った人に誘われても会わない，会おうとしない**
 ※ 自己責任と思いやりが大切

ウォーミング・アップ集

あいさつ（出会いと自己紹介）ゲーム

1．ETタッチ
できるだけ多くの人と，指タッチであいさつして回る。

2．ひと言自己紹介
「私が好きな○○は」「今，一番欲しいものは」「今，行ってみたい場所は」「マイブームは」などひと言添えて自己紹介する。

3．テーマでひと言
指導者がお題を決めて，それについてひと言添えて自己紹介する。

4．二者択一
海が好きか山が好きか，ラーメン派かうどん派かなど，どちらが好きかを理由とともに述べる。

5．サイコロスピーチ
サイコロの目に応じて話題を決めておき，サイコロを振って出た目のテーマで短い話をする。

6．他者紹介
2人1組で自己紹介後，別のペアに自分の相方を紹介する。

グループ分けにつなぐゲーム

1．そろそろ歩き
目を閉じて両手を差し出し，ゆっくり前に歩く。最初に接触した人と2人組をつくる。

2．声かけ集合
教室内を自由に歩き回る。指導者が「2人組」「3人組」などと声をかけ，すぐにその場でグループをつくる。目的の人数に分ける前に，人数を変えながら練習するとよい。

場をほぐすゲーム

1．リーダーとジャンケン
参加者のなかからリーダーを選び，その人と全員が一斉にジャンケンをする。負けた人は椅子に座っていき，最後まで残った人が優勝。

2．ジャンケン列車
近くの人とジャンケンをし，負けたら後ろに回って肩に手を置く。列の先頭の人同士でジャンケンをしてゆき，1列になるまで続ける。

3．王様ジャンケン
4組に分かれ十字型に並ぶ。各組の一番最後の人が王様。先頭の4人でジャンケンをし，負けた人は後ろに回る。王様が生き残ったチームが勝ち。

4．ネーム・ゲーム
20人程度を1組とし，輪になって座る。最初の人から時計回りに名前を言っていく。ただし，次の人は「○○さんの隣りの△△です」，その次の人は「○○さんの隣りの△△さんの隣りの□□です」というように前の人の名前を付け加える。

5．ものまねごっこ
1人ずつ，自由なポーズを皆の前でする。他の人はそのポーズをまねる。軽快な音楽を準備すると効果的。

6．ジェスチャー遊び
代表者の動作を見て，それが何かを当てる。

7．紙風船バレーボール
紙風船を参加者全員でできるだけ長くつく。座ったままで足は使わない。

8．絵当てクイズ
絵を1分間ほど皆に見せ，絵に「○○はいくつあったか」など答えさせる。全員でワイワイ答えさせると雰囲気が盛り上がる。

9．手つなぎ鬼
鬼ごっこで，鬼にタッチされた人は鬼と手をつなぎ鬼になる。鬼たちは手をつないだまま，みなを追いかける。タッチできるのは両端の鬼だけ。

参考文献
*『SSTウォーミングアップ活動集』前田ケイ（1999）金剛出版
*『エンカウンターで学級が変わる　ショートエクササイズ集』國分康孝監修，林伸一 他編（1999）図書文化社

あとがき

　私が教育相談というかカウンセリングというか，そんな学びを始めてから 30 年ほど経ちました。最初の頃は，自分がかかわる子どもが不登校傾向を示したり，悩んだりしていたら，それに対応できる教員でいたい，その力を身につけたいと思い，個別の面接や対応についての研修を受けたり，それに関する文献を読んだりしていました。

　2000 年度に福岡県教育センター・教育相談班に勤務することになり，そこでの私の研究テーマのひとつに「ピア・サポートを日本の学校教育に導入するための理論を構築し，実践するための資料を整備すること」がありました。その過程で，ピア・サポートを創始されたひとりであるカナダのコール先生（Dr. T. Cole），それを日本に紹介されていた森川澄男先生（日本ピア・サポート学会会長）との出会いがありました。その出会いを通して，ピア・サポートの考え方を学び，多くの資料を得ることができました。そこから，私はピア・サポーターへのトレーニングのためだけでなく，授業で全ての子ども達も学べるような資料やワークシートにしたいと考え，整理し作成してきました。より良いコミュニケーション，ストレスや怒りへの対処などに加えて，子ども達が学校生活で出合うであろう課題を考え，苦手な人との接し方や SNS のマナーなどのテーマでの学習を具体化してきました。

　この本は，それらの一部をまとめたものです。この本では，「よりよい生き方をめざす」とか「豊かな人間関係のために」といったものだけでなく，「毎日の生活の中で生きづらくなったとき，どのように切り抜けていくか考えてみよう」と，現実に直面するであろう課題への対処を検討するものも提案しています。人が自らの人生を生き抜いていくことを考えたとき，「ウマが合わない人とどう接していくか」「対立をどうとらえ対処していくか」「本当に苦しいときの援助の求め方」などを学ぶことは，その人の『生きる知恵』として絶対に必要なことではないかと考えます。学校生活のなかでも，トラブルはトラブルとしての指導をしながら，そのトラブルとどのように向き合い乗り越えていくかを学ぶことが，これからの人生の『生きる知恵』を身につけることになるし，そのチャンスなんだとする，とらえ方と指導も必要ではないかと考えています。この本が，「学校生活でのうまくいかなさ」は，「人生で同じような困難に直面したときにどう切り抜けていくかを学ぶチャンスであり，生きる知恵を学ぶチャンス」だとする教育活動の創造につながっていくヒントになることを願っています。

　この本の作成にあたり，ご著書（『ピア・サポート実践マニュアル』2002，川島書店）からの引用や参考を快く認めてくださったコール先生，その仲介の労をとってくださった森川先生に深く感謝いたします。

　また，出版することを勧め尽力していただいた増田健太郎先生（九州大学大学院人間環境学研究院教授），出版を引き受けていただいた遠見書房の山内社長，そして細やかな配慮と編集をしていただいた駒形氏に深く感謝いたします。

小川康弘

あとがき

こころの授業の展開を願って

　本書は，読むだけではあまり意味がありません。本書を読んで，学級や児童生徒の一人一人の性格や行動を思い起こしながら，自分のスキルと子どもたちの実態に応じた心理教育を行うことが大切だと思います。授業は生き物です。同じ展開を考えていても，子どもたちの状況によって，展開を変える臨機応変な対応が必要です。それは，臨床心理面接や研修とも通底することです。九州大学大学院の院生の他に，愛媛大学理学部でも教えていますが，臨床心理学で身につけた構成的グループ・エンカウンターの技法やストレスマネジメントの専門知や実践的スキルがとても役に立っています。九州大学大学院の研究会にも，小川先生に講師として何回か来て頂き，実際に心理教育を行ってもらいました。その時に，いつか小川先生がまとめられてきた実践集を全国の先生方や臨床心理士に学んでほしいと考えていました。本書でその願いがかない嬉しく思います。しかし，筆者の願いは，本書を素材にして，全国の先生方やSCに心理教育を実践してもらい，一人でも多くの子どもたちが主体的に生きいていく力を身につけてくれることです。私が研修会や講演会の最初に話すことは，「知識化→体験化→実践化→日常化」です。本を読み，人の話を聞くことで知識は身につきます。しかし，それは頭の中だけのできごとに過ぎません。体験をしなければ，心は感じません。また，実践しなければ，人との交流は生まれません。そして，自分の行動の一部として日常化しなければ，人間関係は変わりません。挨拶がよい例です。挨拶が大切なことは誰でも知っています。しかし，気持ちのよい挨拶を日常的に行っている人はどれだけいるでしょうか。小さなことでも，少しずつ広げっていけば，日本の学校や社会は，よくなっていくのではないかと思います。

　私の今の本業は，臨床心理士を養成するための大学院教育です。大学院生には，一人ひとりを大切にすること，一つ一つを丁寧にすることを常々指導しています。また，臨床心理士はこころを支える仕事であるけれども，究極には生命を守ることができなければ，こころを支えることもできない仕事だと話しています。教師も同じです。教育は「教えること」と「育てる」・「育むこと」によって成り立ちます。前者は教師が得意なことであり，後者は臨床心理士が得意なことです。また，集団を指導することは教師が，個人を支えることは臨床心理士が得意なことです。両者の協働性が発揮されてこそ，現代の難しい学校教育の難題を解決する糸口が見つかり，子どもたちは成長していくのだと思います。そのためには，教育委員会や校長先生方の理解と協力が欠かせません。教育には，情熱と哲学と方法が重要ですが，もう一つ，予算も必要なのです。今は教育の転換点です。子どもたちに関わる大人の英知を出し合いながら，マクロ的な視点とミクロ的な視点の複眼的な観点で，教育をよりよいものにしていくことが求められています。本書がその一つの小さな小さなきっかけになってもらえれば幸いです。

　本書の執筆に関わって，授業実践や研究に協力してくださった学校の先生方，児童生徒の皆さん，表紙絵を快く提供して頂いた星先こずえさん・アートコミュニケーションのきどさわこさん，データの処理や校正を快く引き受けてくれた九州大学大学院人間環境学府実践臨床心理学専攻の院生の皆さん，また，東京大学教授の下山晴彦先生をはじめいろいろな出版社の方々にもご理解とご協力を頂きました。この場を借りて御礼申し上げます。そして，執筆を現在の教育現場のニーズに合わせて何度も修正執筆して頂いた小川弘康先生，遅筆の私にいつも温かいエールを送ってくださった遠見書房の山内俊介社長，編集担当者の駒形大介さんに心より感謝申し上げます。

増田健太郎

監修者略歴

増田健太郎（ますだ・けんたろう）　臨床心理士・公認心理師・博士（教育学）
　九州大学大学院人間環境学研究院　臨床心理学講座教授。
　九州大学大学院博士後期課程単位取得満期退学。九州共立大学経済学部助教授，九州大学大学院准教授を経て現職。福岡市博多女子高等学校アドバイザー，鳥栖市あさひ幼稚園アドバイザー，企業コンサルタント2社，日本不妊カウンセラー学会理事，蔵本ウイメンズクリニック心理カウンセラー。
　教育現場におけるさまざまな課題（不登校やいじめ，教員ストレス等）を臨床心理学や教育経営学など学際的な視点で研究。不妊カウンセリングの実践と研究。企業・医師会・公務員・学校や生殖医療関係団体での講演会・研修会などを数多く行っている。
　主な著書：公認心理師分野別テキスト3　教育分野―理論と支援の展開（編著，創元社，2018），海外在住の発達障害に対する親子合同面接の考察―簡易面接シートの試み（九州大学総合臨床心理研究，第9巻，2018），不登校の子どもに何が必要か（編著，慶應義塾大学出版会，2016），いじめ・自殺―被害・加害・社会の視点（「臨床心理学」96号，金剛出版，2016），フィンランドにおける教育方法と教員養成の研究（教育経営学研究紀要16，2013）

著者略歴

小川康弘（おがわ・やすひろ）
　県立高校（福岡県）教員，福岡県教育センター（教育相談班）指導主事，太平洋学園高等学校（高知県）教育相談コーディネーターなどを勤務。日本学校教育相談学会・学校カウンセラー（スーパーバイザー）。JSCA（一般社団法人日本スクールカウンセリング推進協議会）認定ガイダンスカウンセラー。
　個別の教育相談（カウンセリング）を行う傍ら，臨床で学んだことをベースにさまざまなテーマを取り上げて，こころを育む心理教育に必要な資料や進め方など具体的な方法を提案・実践し，その啓発活動を行っている。

カバー絵　星先こずえ
　1985年福岡県久留米市に生まれる。2歳の時に自閉症と診断される。2007年に九州産業大学芸術学部美術科を卒業し，この年より松澤造形教室に通う。2008年に「日本きり絵協会展」（東京都立美術館）にて初入選し，以後毎年出品。その後も数々の作品が入選・入賞している。2013年，2014年二科展デザイン部門連続入選。本書カバー絵「キリンの大地」は2012年「久留米市総合美術展」（石橋美術館）入賞作品。現在，日本きり絵協会会員，大野城市文化連盟洋画部会員，大野城市美術協会会員，コミュニケーション・アート会員。

本文イラスト　光富祥，渡辺ユキ，武井夕佳

教師・SCのための心理教育素材集
生きる知恵を育むトレーニング

2015年8月7日　初版発行
2021年4月1日　4刷発行

監　修　増田健太郎
著　者　小川康弘
発行人　山内俊介
発行所　遠見書房

〒181-0002　東京都三鷹市牟礼6-24-12
三鷹ナショナルコート004
Tel 0422-26-6711　　Fax 050-3488-3894
https://tomishobo.com　　tomi@tomishobo.com
遠見書房の書店　https://tomishobo.stores.jp/

印刷　太平印刷社

ISBN978-4-904536-94-0　C0011
© Corporation CP SOU & Ogawa Yasuhiro, 2015
Printed in Japan

※心と社会の学術出版　遠見書房の本※

遠見書房

ひきこもりの理解と支援
孤立する個人・家族をいかにサポートするか
高塚雄介編
医療機関，民間の支援機関，家族会等でひきこもり支援に関わってきた執筆者らが，ひきこもりとその支援を考えたものである。支援者がぶつかる壁を乗り越えるための一冊。2,600円，A5並

スクールカウンセリングの新しいパラダイム
パーソンセンタード・アプローチ，PCAGIP，オープンダイアローグ
（九州大学名誉教授・東亜大学）村山正治著
ブックレット：子どもの心と学校臨床（1）SC事業を立ち上げた著者による飽くなき好奇心から生まれた新しい学校臨床論！ 1,600円，A5並

事例で学ぶ生徒指導・進路指導・教育相談
小学校編［改訂版］
長谷川啓三・花田里欧子・佐藤宏平編
学校教員にとって授業や学級経営とともに重要な「生徒指導」「進路指導」「教育相談」の基本と実践をまとめた1冊。必須の心理学的な知識が満載し，新たに改訂。2,800円，B5並

場面緘黙の子どものアセスメントと支援
心理師・教師・保護者のためのガイドブック
エイミー・コトルバ著／丹 明彦監訳
学校や専門家，保護者たちのための場面緘黙を確実に治療できる方法はもちろん，支援の場で実際に利用できるツールも掲載。全米で活躍する著者による緘黙支援ガイドブック！ 2,800円，A5並

学校でフル活用する認知行動療法
神村栄一著
日々の相談に認知行動療法を取り入れれば，子どもたちとその環境によい変化がもたらされるハズ。認知行動療法と学校臨床の達人によるこの本を読み進めていくうちに自然に解決志向なCBTの理論と技術が自然と身につく！ 1,600円，四六並

非行臨床における家族支援
生島 浩著
非行臨床の第一人者で，家族支援の実践家としても高名な著者が支援者としてのノウハウと研究者としての成果を1冊にまとめた集大成。心理関係者・学校関係者・警察や裁判所，児相などの司法関係者などにオススメ。2,800円，A5並

公認心理師基礎用語集　増補改訂版
よくわかる国試対策キーワード
松本真理子・永田雅子編
試験範囲であるブループリントに準拠したキーワードを122に厳選。多くの研究者・実践家が執筆。名古屋大教授の2人が編んだ必携，必読の国試対策用語集です。2,000円，四六並

ひきこもり，自由に生きる
社会的成熟を育む仲間作りと支援
（和歌山大学名誉教授）宮西照夫著
40年にわたってひきこもり回復支援に従事してきた精神科医が，その社会背景や病理，タイプを整理し，支援の実際を豊富な事例とともに語った実用的・実践的援助論。2,200円，四六並

発達障害のある子どもの性・人間関係の成長と支援
関係をつくる・きずく・つなぐ
（岐阜大学）川上ちひろ著
ブックレット：子どもの心と学校臨床（2）友人や恋愛にまつわる悩みや課題。多くの当事者と周辺者の面接をもとに解き明かした1冊です。1,600円，A5並

事例で学ぶ生徒指導・進路指導・教育相談
中学校・高等学校編［第3版］
長谷川啓三・佐藤宏平・花田里欧子編
思春期特有の心理的課題への幅広い知識や現代社会における家庭の状況等の概観，解決にいたったさまざまな事例検討など，生きた知恵を詰めた必読の1冊が新たに3訂。2,800円，B5並

イライラに困っている子どものための
アンガーマネジメント　スタートブック
教師・SCが活用する「怒り」のコントロール術
佐藤恵子著
イライラが多い子は問題を起こすたびに叱責され，自尊心を失う負のスパイラルに陥りがち。本書は精力的に活動をする著者による1冊。2,000円，A5並

プレイセラピー入門
未来へと希望をつなぐアプローチ
丹 明彦著
「子どもの心理療法に関わる人には，必ず手に取って読んで欲しい」（田中康雄先生）。プレイセラピーと子どもへの心理療法の基本と応用を描いた1冊。センスを高めるコツ満載。2,400円，四六並

興奮しやすい子どもには
愛着とトラウマの問題があるのかも
教育・保育・福祉の現場での対応と理解のヒント
西田泰子・中垣真通・市原眞記著
著者は，家族と離れて生きる子どもたちを養育する児童福祉施設の心理職。その経験をもとに学校や保育園などの職員に向けて書いた本。1,200円，A5並

公認心理師の基礎と実践　全23巻
野島一彦・繁桝算男 監修
公認心理師養成カリキュラム23単位のコンセプトを醸成したテキスト・シリーズ。本邦心理学界の最高の研究者・実践家が執筆。①公認心理師の職責〜㉓関係行政論 まで心理職に必須の知識が身に着く。各2,000円〜2,800円，A5並

学校コンサルテーションのすすめ方
アドラー心理学にもとづく子ども・親・教職員のための支援
ディンクマイヤーほか著・浅井／箕口訳
米国学校心理学と個人心理学をリードする著者らによる学校コンサルの実践入門の1冊。チーム学校に有効なテクと知見をわかりやすく解説。3,000円，A5並

教師・SCのための
学校で役立つ保護者面接のコツ
「話力」をいかした指導・相談・カウンセリング
（SC・話力総合研究所）田村 聡著
ブックレット：子どもの心と学校臨床（3）保護者対応に悩む専門職ために臨床心理学の知見をいかした保護者面接のコツを紹介！ 1,600円，A5並

教員のための研究のすすめ方ガイドブック
「研究って何？」から学会発表・論文執筆・学位取得まで
瀧澤 聡・酒井 均・柘植雅義著
実践を深めたい，授業研究を広めたい。そんな教育関係者のために作られたのがこのガイド。小規模研究会での発表から学会での発表，論文執筆，学位取得までをコンパクトに紹介。1,400円，A5並

クラスで使える！　（CD-ROMつき）
アサーション授業プログラム
『自分にも相手にもやさしくなれるコミュニケーション力を高めよう』
竹田伸也・松尾理沙・大塚美菜子著
プレゼンソフト対応の付録CD-ROMと簡単手引きでだれでもアサーション・トレーニングが出来る！ 2,600円，A5並

学校における自殺予防教育のすすめ方
だれにでもこころが苦しいときがあるから
窪田由紀編
痛ましく悲しい子どもの自殺。食い止めるには，予防のための啓発活動をやることが必須。本書は，学校の授業でできる自殺予防教育の手引き。もう犠牲者はいらない。2,400円，A5並

発達臨床心理学
脳・心・社会からの子どもの理解と支援
谷口 清著
長く自閉症者の脳機能研究や学校相談に携わってきた著者による発達臨床心理学の入門書。生物・心理・社会の視点から子どもの発達と困難を明らかにし，その支援のあり方を探る。2,800円，A5並

N：ナラティヴとケア
ナラティヴがキーワードの臨床・支援者向け雑誌。第12号：メディカル・ヒューマニティとナラティヴ・メディスン（斎藤・岸本編）年1刊行，1,800円

価格は税別です